真正强大的人，都敢于"得罪人"

湘萍———著

如何从
良性冲突中
获益

古吴轩出版社

图书在版编目（CIP）数据

真正强大的人，都敢于"得罪人"：如何从良性冲突中获益/湘萍著. —— 苏州：古吴轩出版社，2022.3
ISBN 978-7-5546-1910-0

Ⅰ.①真… Ⅱ.①湘… Ⅲ.①心理交往—通俗读物
Ⅳ.①C912.11-49

中国版本图书馆CIP数据核字(2022)第021270号

责任编辑：胡敏韬
见习编辑：闫毓燕
装帧设计：YOOLI尧丽

书　　名：**真正强大的人，都敢于"得罪人"：如何从良性冲突中获益**
著　　者：湘　萍
出版发行：古吴轩出版社
　　　　　地址：苏州市八达街118号苏州新闻大厦30F　　邮编：215123
　　　　　电话：0512-65233679　　　　　　　　传真：0512-65220750
出 版 人：尹剑峰
印　　刷：天津旭非印刷有限公司
开　　本：880×1230　1/32
印　　张：9
字　　数：173千字
版　　次：2022年3月第1版　第1次印刷
书　　号：ISBN 978-7-5546-1910-0
定　　价：52.80元

如有印装质量问题，请与印刷厂联系。022-22520876

收到湘萍老师发来的书稿和撰序邀约，我多少有些诧异：这本书旨在教人们拥抱良性冲突，而我的工作领域则大多是关于逻辑和推理，与人际关系并无太大关系。

带着诧异和困惑读完这本书后，我好像更能理解两者的共通之处了。

上中学时，我一度不喜欢化学，而更喜欢数学和物理。因为化学涉及上百种元素及其化学性质，不同元素之间又会产生不同的化学反应，其复杂性和可变性曾让我头疼不已。而数学和物理则足够"简单"，在适用范围内，每条数学或物理原理都可以一以贯之。

我非常喜欢后两者的确定性。

人际冲突恐怕是世界上最复杂的"化学反应"了：每个人的脾气秉性各不相同；面对不同的人，每个人又会有不同的反应；

每种时空条件，都可以有无限种"赋值"。

不过，高度复杂和可变的事物并非不可应对。

我就曾通过编顺口溜的方式来记忆化学中的知识点和反应式。湘萍老师说，她在职业咨询中也总是遇到一些共性问题，这些问题并不是看上去那么难以处理的，运用适当的理论工具就能让复杂的问题变得简单化。

这本书正是将最复杂的"化学反应"——人际冲突——公式化的一种尝试。这也是我和她的工作内容的共通之处，正所谓"千举万变，其道一也"。

她说，根据来访者的问题，她可以合理推断，需要帮助的潜在群体一定很庞大；她愿意把用以解决这些问题的工具箱和盘托出，为那些面对人际关系困惑的人提供帮助。

这跟我录制讲解视频的初衷是一致的：方便"学生"随时随地观看，让更多的人受益。

我愿意把这本书推荐给更多人，因为它能让每个人以更平和、更智慧的方式应对冲突，从良性冲突中获益。

李永乐

2022 年 2 月 10 日于北京

不是所有的冲突都是坏事

害怕冲突是大多数人的本能反应。但事实上，不是所有的冲突都是坏事。冲突既有恶性的也有良性的。如果你此前没有意识到这点，说明你对冲突一直存在偏见。

承认自己对冲突有偏见，不是一件容易的事情。直面自己的偏见，更是需要除了勇气以外的很多因素，其中时间的催化和生命的成熟，就是不可或缺的部分。

我对冲突的态度大概经历了以下几个阶段。

第一个阶段，我从别人口中得知自己不擅长处理冲突，比如"你脾气真好""你也太好欺负了"等等。

第二个阶段，我在被动探索自己的过程中发现：

有一类人就是不喜欢冲突，我就是这样的人。在各种职业性格测试或优势识别工具中，我的排在前三位的特质都是寻求共识、善解人意、排忧解难。我总是尽量避免和人发生冲突。

第三个阶段，我开始有意识地"扬长避短"。我会在冲突即将来临时用一些技巧去回避正面冲突，比如避免面对面对话，或者主动更改对话时间，等等。

第四个阶段，我意识到自己对冲突存有偏见，并开始和自己的偏见对话，尝试了解自己、接纳自己并有计划地改变自己。

这本书，就是我站在第四个阶段的一个回顾和总结。

我试图从多个视角去观察各种人际冲突，用多种工具来解释冲突对大多数人来说意味着什么。在前三章里，我分别从不同的视角出发，探索了"冲突是什么""冲突被我们当成了什么""我们为什么会和别人起冲突"，以及"别人为什么要和我们起冲突"等一系列问题。这些问题看上去并不难回答，但很多人都没有仔细思考过它们背后的真实原因。我也是在写作过程中，才有了这些感悟。

作为冲突管理的探索者，我非常清楚"知道"和"做到"之间有着天壤之别。所以，我会用一些视觉化工具和模型，帮助大家寻找一个适合自己的切入点。

比如，想要打破冲突惯性时，你可以利用"冲突画布"；情绪即将爆发而丧失行动力时，你可以利用"认知三角形"；寻求处理人际冲突的方案时，你可以利用"冲突处理四象限"。这些视觉化的工具，不仅能让我们迅速找到行动的突破口，还能帮助我们培养一种全新的思维方式。

当你足够熟练时，你就会发现，很多模型的底层逻辑都是相通的，你可以举一反三。

模型和思维可以丰富我们对冲突的理解，但是，冲突毕竟出现在人际关系中，我们还必须回到人际关系中去面对。所以，在后面几章里，我重点探索了不同人际关系中的冲突有哪些特殊性。虽然我主张在冲突中首先要"向内看"，但"向内看"必须建立在充分了解人际关系的基础上。

在陌生关系、职场关系、两性关系、亲子关系、原生家庭关系和自我关系中，都可能出现冲突。这时候，是选择正面"对抗"，还是扭头逃避？是不惜得罪人也要主张自己的利益，还是隐藏自己的需求做个滥好人？是据理力争，还是一味让步？又或者，我们能否找到一个实现良性冲突的办法？

真正强大的人，是不怕"得罪人"的。他们遇事不会唯唯诺诺，也不会一味地争强好胜。他们深知冲突的破坏力，因此善于把冲突变成人际关系的推手。通过适度、合理的冲突，推动人际关系的改善，这就是良性冲突的精髓。

这本书虽然不会给你一个标准的终极答案，但却可以让你多一个看待冲突的角度。成年人的成长就是这样的——我们在不断丰富自己看待世界的角度，学习在不同的视角之间切换自如。与其让一本书告诉你该怎么做，不如试着从这本书开始练习如何看见、如何思考、如何认识、如何接纳和如何成长。

衷心祝愿每一个人都能从良性冲突中获益。

目 录
CONTENTS

第六章

真正好的伴侣，懂得怎样好好闹情绪

第七章

不吼不叫的家长，也能养出好孩子

第八章

与父母和解，就是与过去的自己和解

第九章
停止自我冲突，做内心强大的人

第一章

冲突并不可怕，
它只是改变的开始

冲突不是敌人，偏见才是

自从有记忆以来，我就是一个冲突厌恶者。

我反感、回避甚至惧怕任何可能带来冲突的人际关系。为了不与外界发生冲突，我经常会压制自己内心的需求，做一个妥协者。很多人认为我温柔随和且善解人意，但他们不知道，这主要是因为我对对抗关系有着深深的恐惧。换句话说，比起满足自己的需求，我觉得"相安无事"更重要。

没有冲突，是我在所有关系中最大的需求。

冲突让我惶恐不安，让我质疑这段关系存在的必要性。我甚至不敢直面任何可能引起别人尴尬和不适的状况。我认为，如果我直面冲突，对方的尴尬就会成为这场冲突的起点，而我要为看到了对方的尴尬而负责。

一段不尴尬却很遗憾的回忆

上学时，班里有个男生，经常跟大家说一些特别无趣且不着边际的话。我现在已想不起来，他当时都说了些什么。可是，我记得每次我都面带微笑地听他讲完，甚至会附和一两句。好友因此经常感慨："你脾气真好，居然每次都能听他说完，还不打断。咱们班也就你能听他聊几句了。"

其实，我根本不是脾气好，我内心也在不停地吐槽"这家伙到底在说什么"。我只是觉得，如果我终结了这一段对话，就会使他感到尴尬，进而引发冲突。

十多年过去了，我对这段关系的印象，只剩下一个模糊的画面：他滔滔不绝地说，我不失礼貌地听。我在他身上浪费了那么多时间，却没记住任何有价值的东西。

试想一下，如果我当时大胆地问他一句"你对我说这些有什么意义"，我们也许会因此展开一段令人不快的对话。但或许正是因为这种不快，我现在还会记得他的只言片语，他可能也会改变我对某些事情的看法。甚至，我们可能成为朋友，不至于毕业后再也没有联系。

冲突真的是坏事吗

我一度认为冲突会破坏关系、终结关系，让我陷入人际困境。但我忘了，即使没有尴尬、对抗或冲突，我和对方的关系也会随着记忆烟消云散。

随着自我认识的不断加深，我逐渐意识到：我在回避冲突的过程中失去了很多关系，甚至失去了自我。我开始问自己：冲突一定是一场灾难吗？冲突一定会阻碍一段关系的发展吗？冲突是否可能成为美好的开始？冲突是否可能成为促进关系的幕后推手？

所谓"避免冲突"，就是要所有人在所有事上都赞同彼此。我们都知道，这根本不可能，但这正是我一直在追求的状态：避免冲突，建立和谐的关系，永远没有对立。

即便能达到这种状态，这种状态下的关系也是索然无味的。回首过往，让我记忆深刻的，不是那些没有任何争执的关系，而是那些冲突过后依然存续的关系，它们成了我一生的财富。

把视野放得广阔一点儿——我们所处的世界，没有哪种进步不是因冲突而产生的。从某种视角来看，人类的历史就是一部族群之间的冲突史，科技的发展是以人类欲望和能力间的冲突为契机的，文学作品更是以冲突为主要着力点，所有成功的变革都基于激烈的冲突。可以说，冲突是人性中最重要的一部分，深埋在我们的基因里，延展在我们和外部世界的关系里。

我们应该如何看待冲突

任何关系中都存在不同的、对立的甚至不相容的目标、认识或感情等因素。因对立和不相容而导致的彼此对抗和相互作用的状态就是冲突。

我们应该以什么态度来面对冲突？是把冲突当作瘟疫，避之唯恐不及，还是把冲突当作战斗，为之兴奋？在"坏"与"好"之间，我们能否找到一个中性的区间来放置冲突？

在思考这种问题时，我们需要打破思维惯性。我们可以借助"隐喻"这一思维方式：用描述一种事物的方式来描述另一种事物。

于我而言，冲突一度像秋天里的山火，会吞噬所有的美好并且无法控制。在山火面前，我是渺小的。冲突具有绝对的力量，而我无法与之抗衡。找到这个隐喻后，我开始问自己两个简单的问题：真的是这样吗？还有其他可能吗？

这团山火，有没有可能是黑夜里的一把篝火、寒冷中的一团炉火，或是可以燎原的星星之火呢？

借助隐喻思维，我发现，冲突只是描述了人和人之间一种不可避免的自然状态，但我却将这种自然状态带来的伤害错当成了这种状态本身。就像山火烧了我家的一亩地，我从此不敢再靠近任何火苗一样。这是典型的"一朝被蛇咬，十年怕井绳"。

现在我已经明白，冲突不是山火，只是被我当成了山火。它只是火，是一种处在"坏"与"好"之间的推动力。我由此明白了一件事：冲突是一切关系流动的前提，甚至是改善关系的幕后推手，它没那么可怕。

如今，我已不再把冲突当成关系的大敌。那么你呢？对你来说，冲突可以被比喻成什么呢？不论你把它看成什么，你都可以试着问自己："真的是这样吗？还有其他可能吗？"这会让我们看清自己对冲突是否存有偏见，以避免这种偏见影响我们的思维方式和解决问题的方法。最重要的是，我们如何看待冲突，决定了我们会以什么样的态度面对冲突。

利用冲突画布，打破冲突惯性

意识到冲突能让关系流动，仅仅是一个开始。即便我们认识到"冲突"是一个中性词，我们依旧不能保证自己可以更好地应对冲突，因为思维惯性不是简单的一次觉察就能改变的。我们需要更深层的自我反思和自我对话。

在冲突面前，我一直很"怂"，是典型的"冲突怂人"。我这么"怂"一部分是因为恐惧和厌恶冲突，另一部分则是因为我觉得自己是被动卷入的，不能决定冲突的发展方向，出了事情不能怪我。只要我不是过错方，就万事大吉了。

"怪不得我"曾经是我在冲突里的最大诉求。

在冲突中，我经常会被一种怪情绪牵着鼻子走：要么尽快息事宁人，要么全力为自己辩护，话里话外就一个意思"这可不是我的错"。当确定错不在我时，我似乎就可以任由冲突发展了，反正我不必承担责任。这种不假思索的反应，我称之为"冲突惯性"。其实每个人都有不易察觉的冲突惯性。

冲突惯性

我之所以看到了自己的冲突惯性，恰恰是因为我这个"冲突尿人"有一次一反常态地和别人发生了正面冲突：很多年前，我第一次在职场和别人正面"硬刚"，那是一次完全出乎意料的经历。

当时，我所在的公司和另一家公司进行合并重组，两家公司要合二为一。经过数天的人事动荡后，我原公司的人力资源领导成了新公司的人力资源领导，而另一家公司的原人力资源领导 W 总，被安排去了其他部门。重组正式开始后，我被安排去跟 W 总进行人员信息的交接。

当时，我根本没想到这会是一项有难度的工作。说是交接，无非是把对方公司人员的花名册拿回来。记得那天，我毫无心理准备地去了 W 总的办公室。因为对方公司有几百名员工，我还拿了 U 盘，想着直接把所有电子材料拷贝回来就好。

这位与我素未谋面的 W 总，竟头也不抬地递给我一份纸质版的花名册，说："就这些，你在交接单上签字后就可以拿走。"

我当时就傻了，以为她在逗我，说："W 总，花名册的电子版，您有吗？"

结果她说："电脑维修时重装了系统，电子版不见了，只有纸质版的。"说罢，她便不再理我，继续忙自己的事情。

我当时怒火中烧，张口问道："您怎么可能没有电子版的花名册呢？"

她说："我只有这些，你快拿走吧！"

后面的对话，由于时间久远，我已经记不清了——大概是被我选择性遗忘了吧。那是我在工作中第一次遇到那么不讲道理，还那么理直气壮的人，并且是一位高我两级的领导。我完全无法忍受，直接表达了自己的不满，谈话不欢而散。那之后的很长一段时间内，她都视我为空气，在工作中也是处处不配合。

当时，这件事着实让我耿耿于怀。我坚定地认为：她是因为没能留任人力资源领导，把气撒在了我身上；我是一个彻头彻尾的受害者。

之后我一直很困惑：我一个"冲突尿人"，遇到不好搞的领导，不是应该忍气吞声吗？但那天我却并未示弱。我是"正义感爆棚"，还是突然无所畏惧了？

直到最近几年我才明白，那场火药味十足的对话正是因为我"受害者无辜"的冲突惯性。"谁都能看出来，她是故意刁难我，我是无辜的。冲突发生了，但不是我的错！没错，上！"这应该是当时我内心深处最真实的想法。

冲突画布：打破冲突惯性的利器

想要打破冲突惯性，就要有不同以往的态度和行动。有句话说得好：想改掉一个习惯，最好的办法是用一个新习惯代替旧习惯。

我们应该摒弃旧的思维方式和观念，不要急着息事宁人或自我辩护，而是要摆脱"当局者迷"的状态。我们要先静下心来，跟冲突"聊一聊"，听一听它的声音，因为冲突是需要被了解的。

所谓"了解冲突"，就是在反应和行动前想一下"冲突到底要告诉我们什么"，这是从被动防御到主动推进的重要转变。我们可以通过以下三个问题来聆听冲突的声音，弄清冲突到底能告诉我们什么。

第一问："怎么了？"

第二问："TA 到底想说什么？"

第三问："哪里需要改善？"

我找到了一个能帮自己摆脱惯性的有效办法——把冲突产生的原因和上述三个问题做成了一张冲突画布（见图 1.1）。

它能使我用更短的时间看清冲突的背后到底有哪些被忽视的因素。

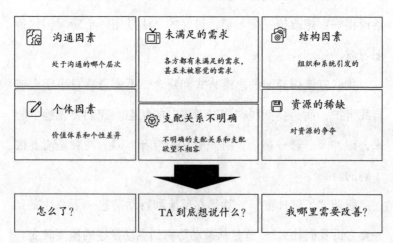

沟通因素
处于沟通的哪个层次

未满足的需求
各方都有未满足的需求，甚至未被察觉的需求

结构因素
组织和系统引发的

个体因素
价值体系和个性差异

支配关系不明确
不明确的支配关系和支配欲望不相容

资源的稀缺
对资源的争夺

怎么了？

TA 到底想说什么？

我哪里需要改善？

图 1.1　冲突画布

以上三个关键问题都可以通过冲突画布找到答案，而对这些问题的认识则是我走出破坏性冲突的关键一步。就拿我跟 W 总发生冲突的事情为例，我完全可以在脑海里迅速形成这么一张画布（见图 1.2）。

如果我当时迅速梳理一遍冲突画布上这些内容，我就可能放弃无效的对抗，换一种更有效的方式来回应她。

事情后来是这样发展的：我气鼓鼓地回到办公室，跟我当时的领导说了对方的态度。当我自以为受了欺负，期望他为我

"伸张正义"的时候，他却意味深长地笑了，对我说："你打电话问一下她的副手，看她副手是否有电子版花名册。"

沟通因素	未满足的需求	结构因素
对方目前处于一个不想沟通的状态，我是否可以换一个时间或方式，甚至换一个沟通者。	对方目前的职场需求，是我无法满足的。可我的出现刚好能满足对方的某种情绪宣泄需求，所以不配合似乎是必然的。	公司合并导致她失去了原来的岗位，这是她无法控制的，也是她不希望的。
个体因素	支配关系不明确	资源的稀缺
她有她应对挫折和不顺心的方式和方法，我无法要求她如我所期望的一样。	我完全无法凭借"你就应该给我"这种所谓的"正义"来支配对方。	一份电子版花名册并非稀缺资源，我完全有办法从其他地方获得。最差也不过是我手动把纸质版变成电子版而已。

怎么了？	TA 到底想说什么？	我哪里需要改善？
她在通过这样一种方式，宣泄不满的情绪。	这件事情你办不了，回去让你的领导来吧。	放下自己的"受害者无辜"的"正义感"，换一个思路解决问题。

图 1.2　冲突画布应用

之后，W 总在新的工作岗位上还算顺风顺水。慢慢地，她也不那么针对我了，平时遇到了，还会主动跟我聊几句，跟第一次见面时判若两人。试想，如果我的部门领导当时在这件事上为我"伸张正义"，事情就没这么简单了。

我当时很不理解，认为我的部门领导在本该出头的时候认"尿"了。现在我才意识到，他并不是"尿"，只是明白冲突背后隐藏的东西，也懂得怎样把社交的主动权掌握在自己手里，没有让冲突惯性左右自己的行为。

　　冲突惯性是"诱人"的，因为它太符合我们固有的思维方式了，舒服而又不费力气，让人沉浸其中无法自拔。如果不打破冲突惯性，你就会一次次陷入类似的困境。从冲突画布开始练习聆听冲突的声音，是我们打破冲突惯性的最好方式。它有助于我们看见冲突的全貌，分析冲突发生的根本原因，进而掌握社交的主动权。

先解决认知，再解决情绪

我在学校里学习过关于很多问题的标准答案，这让我以为任何问题都有标准答案。所以，当我探索冲突的本质时，我会习惯性地寻找一个能明确表达出来的标准答案。

但事实上我发现，冲突的本质没有所谓"标准答案"，因为人的复杂性和关系的多变性决定了，任何答案都是脆弱的和片面的。我之蜜糖，汝之砒霜。我们自认为的绝对真理也许会害了别人。

所谓"看清楚冲突的本质"，是指明白自己对冲突的认知存在片面性，学会主动去觉察冲突的各个方面。

但这件事太难了！因为一不小心，情绪就会主宰我们的行为，让我们陷入对冲突本质的狭隘认知和自以为是的沼泽里。情绪太重要了，它不单在我们自己身上流动和变化，还会在人和人之间传递，对冲突的走向有着决定性的影响。闹情绪不可怕，但能否"好好闹情绪"，决定着我们能否把恶性冲突变成良性冲突。

情绪下的冲突

情绪绝不是某种孤立的存在，它是一系列主观认知和经验的通称，是感觉、思想和行为共同导致的心理和生理状态。面对同样的场景，我们的情绪不同，做出的反应也会截然不同。如果我们不及时调整，就会被情绪牵着鼻子走。

情绪分为积极情绪和消极情绪。积极情绪可以抑制人们受伤时的痛苦，提高积极性和活动力，积极情绪包括喜悦、满意、感激等。消极情绪会放大人们的痛苦，通常不利于人们继续完成工作或者正常地思考，消极情绪包括悲伤、愤怒、紧张、焦虑、恐惧等。

如果我当下的情绪是积极的，那么无论遇到什么事情，我都会往积极的方面思考：如果同事不配合工作，我会觉得这是锻炼我社交能力的好机会；如果领导批评我，我会更加努力，争取进步；如果孩子胡闹，我会试着理解她；如果客户对我不满意，我会尽力满足客户的需求。

相反，如果负面情绪占据了主导地位，那么我眼里只有讨厌的同事、苛刻的领导、不懂事的孩子和挑剔的客户。这时候，我关闭了思考解决问题的通道，只会怨天尤人或自我怀疑。别说看清楚冲突的本质了，我自己的情绪都无法被有效觉察。

情绪到底是怎么来的呢?

认知三角形

人们对"情绪到底是怎么来的"这个问题有很多解释，我认为其中最容易为我们所用的就是心理学家提出的"认知三角形"（见图 1.3），也有学者称其为 TEA Model（茶三角）。

"T"代表 Thoughts，即想法。

"E"代表 Emotions，即情绪。

"A"代表 Actions，即行动。

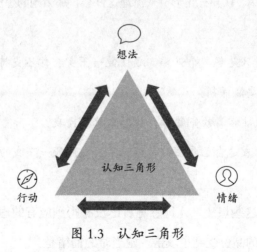

图 1.3　认知三角形

我们感受到的情绪并不是凭空产生的，它和我们的想法以及行为是互相影响的。也就是说，我们通过调整自己的想法，可以改变自己的情绪，影响自己的行动，进而形成一个良性循环；如果我们任由想法影响情绪，进而控制行动，再让失败后的挫折感影响我们的想法，就会形成一个恶性循环。

举个例子：我的一位客户，希望通过与教练谈话，来决定是否要去学钢管舞。为了学钢管舞，她跟她先生吵过一次，也哭过一场。她先生觉得钢管舞上不了台面，不希望她去学；她则被朋友发的又美又酷的跳舞视频深深吸引了，心生向往。先生的态度给她泼了一盆冷水。

如果用"认知三角形"来梳理这件事，那么她的想法应该是：

● 我只是想学个舞蹈，顺便健一下身，你不支持就算了，为什么还要做评判？

● 我非常喜欢钢管舞，你怎么就不懂我？

● 你表达自己看法的时候，不应该照顾一下我的感受吗？

正是这些想法，让她感觉自己没有得到应有的理解，甚至认为自己的品位受到了攻击。她当时的**情绪**是：

- 气愤

- 委屈

- 烦恼

这些负面情绪又让她没有采取任何有效的**行动**：

- 无法跟先生有效沟通。

- 报名也不是，不报名也不是。

- 搁置下来，不知所措。

解决这个问题的关键在于她如何看待这次冲突，也就是她对这次冲突有什么想法。我们为此交流了半个小时，最后她发现，冲突的本质就是她和她先生之间的沟通出了问题。她的**想法**变成了：

- 我好像没有真正聆听我先生的顾虑，也没有跟他表达清楚自己有多想学钢管舞。

- 我好像很在乎能否控制他对这件事情的看法，但他的看法不是我能控制的。

随着想法的转变，她的情绪缓和了，对先生的不满也转化成了歉意。她决定再跟自己的先生好好谈一次，倾听他的想法，同时把自己更深层的需求表达出来。她说，比起是否学钢管舞，她更在乎怎样和最亲密的人沟通这件事。

我随后又问她："如果以后再遇到类似的情况，你会怎么做？"

她说："如果以后我发现自己有着急和想要责怪对方的情绪时，我会停下来问问自己'我的沟通处于哪个层次'。"

察—想—说—问—转，5步轻松化解情绪冲突

从"被情绪牵着鼻子"到"牵起情绪的鼻子"，也不过是一念之转罢了。想要做到并不难，根据认知三角形，我们可以采取下面几个步骤：

察：感受到情绪波动时，先觉察一下自己的情绪，再试着描述自己的感受。

想：想一想这种情绪是由什么想法产生的，然后列出其中有决定性影响的那几条。

说：说一说自己的认知三角形是如何互相影响的，再把它画出来。

问：问自己"我还可以从哪些不一样的角度去想"。

转：观察一下你的新想法会让你的情绪发生什么样的转变。

"一千个人眼中有一千个哈姆雷特"，这句话往往用来形容人们对同一事物有着不同的观点。同样，"一个人心中有一千个哈姆雷特"也是成立的，意思是说，我们可以从不同的角度看待同一个问题。只是那另外"九百九十九个角度"，不易被我们察觉。千万别低估自己，更别低估自己的想法。当我们察觉到那"九百九十九个角度"后，我们会和自己的情绪走得更近，并且更能掌控自己的行动，在良性冲突中勾画我们的美好人生。

表达情绪，而非情绪化表达

不知从什么时候开始，我们被要求在各种场合做一个"情绪稳定"的人。很多人还把"情绪稳定"看作拥有幸福和取得成功的决定性因素之一。你是不是也认为，前文提到的"牵起情绪的鼻子"等同于我们要成为一个"情绪稳定"的人？

两者真的不是一回事。

"情绪稳定"这一目标本身是没有问题的。然而我发现，它虽然有一个好的出发点，却让很多人误认为感受或展示负面情绪是一种罪过。我们会因为自己情绪不稳定而羞愧难当。这种自我谴责，我称之为"情绪有罪论"。

但实际上，没有哪种情绪是有罪的，是不应该出现的，更没有哪种情绪需要我们为之感到羞愧。恰恰相反，由冲突激发的情绪非但无罪，还会在关键时刻让我们远离致命的伤害，甚至会救我们一命。

情绪是一种生存本能

很多人因为情绪冲动而陷入困境后，都认为是情绪坏了事：
"要是没有这些负面情绪，我一定可以处理得更好。"久而久之，
我们要么因负面情绪陷入自责，要么干脆把某种情绪长期隐藏
起来。这些被认为是"罪魁祸首"的情绪，我暂且称之为"有
罪情绪"，它们几乎都属于负面情绪（见表1.1）。

正面情绪	中性情绪	负面情绪
快乐	惊讶	悲伤、恐惧、厌恶、愤怒

表 1.1　人的六大基本情绪

在我们的六大基本情绪中，除了"快乐"是正面的，"惊讶"
是中性的，其他四种情绪都是负面的。不论是悲伤、恐惧、厌恶，
还是愤怒，都是我们想尽量避免的负面情绪。因为它们会让人
变得不太"正常"：悲伤让人意志消沉，恐惧让人畏首畏尾，
厌恶让人冷酷无情，愤怒让人失去理智。

然而，哪怕是负面情绪，也是一种必不可少的生存本能。
仔细想想，你就会发现，悲伤可以让我们更容易与他人共情，
让我们在合适的时候展示自己脆弱的一面，以得到他人的信任
和体谅；恐惧可以让我们主动远离伤害，在必要的时候更好地

保护自己；厌恶可以让我们寻求符合自己品味和喜好的环境，选择更适合自己的生存方式；愤怒可以让我们分辨是非黑白，坚守自己的原则。

如果一个人被伤害时却不懂得悲伤，他会在伤害别人时意识到自己的错误吗？

如果一个人被火灼伤时不知道恐惧，他会马上把受伤的手缩回来吗？

如果一个人明明不认同某件事却没有厌恶感，他会想清楚该怎样选择和取舍吗？

如果一个人不知道什么是愤怒，他又怎么能坚守原则和底线？

在认知三角形中，想法可能会存在偏差，行为可能会有不妥，**但唯独情绪，是最无可指责的。**因为我们体会到的所有情绪，都来自大脑甚至是身体每一个细胞对过往经历的记忆，甚至祖祖辈辈的过往都在以 DNA 的形式存在并影响着我们的情绪。接收到新信息时，我们的大脑会自然而然地将它们跟过往经历进行对比，而后向我们输出情绪反应。正是这种持续且稳定的情绪输出，让人类进化到了今天的地步。

情绪健康远比情绪稳定重要

比起情绪稳定，情绪健康更重要。两者是不容混淆的。情绪稳定的人可能是找到了合适的方式去表达或疏导情绪，也可能仅仅是压抑了自己的情绪。前者当然很好，而后者只是看起来很好，并不是健康的情绪处理方式。所谓"情绪稳定"的目标，会让很多人忽视情绪健康问题。

我的一位朋友就是这样。他从事服务行业，在工作中十分专业且富有耐心，经常用很长时间去跟客户反复解释某个问题。他通常全程情绪稳定，不会让客户感受到自己的情绪波动。他在生活中也很随和，对朋友很友善。包括我在内的所有人都觉得，他是一个很好相处的人，一个"情绪稳定"的人。

直到有一次在餐厅吃饭，他一反常态，因为一件小事大发雷霆，跟服务生发生了激烈的冲突，差点儿动手。虽然服务生有过失，但他确实没必要为此大动肝火。我这才发现，他也有"情绪不稳定"的时候。

后来聊起这件事，他坦言，平时由于工作需要，他压抑了很多委屈、不满和愤怒等负面情绪。久而久之，他把压抑和掩饰真实情绪当成了理所当然的事。这种表面上的"情绪稳定"，其实一点都不健康。负面情绪会在某些场合下毫无预兆地爆发出来。事后，他自己也觉得不好意思，甚至责怪自己当时没有控制好情绪。

问题的关键不在于他产生了负面情绪，而在于他没有正确地对待这些负面情绪。我们应该牢记一件事：没有不健康的情绪，只有不健康的情绪观。

健康的情绪观能让我们学会接纳自己所有的情绪，无论是消极情绪还是积极情绪。如果我们片面地追求所谓的"情绪稳定"，只会有意无意地排斥或者掩饰某些很重要的情绪，最终酿成不可挽回的悲剧。

真正强大的人不怕表达情绪，不会因为害怕得罪人而压抑自己的情绪。我们千万不要觉得自己在人际交往中产生的情绪是坏东西，也不要以为压抑情绪就是情绪稳定。相对于表面上的情绪稳定，我们更需要一种健康的情绪观：感受、了解和接纳我们的情绪，特别是那些经常被误判为"有罪"的负面情绪。

那位朋友后来告诉我，他在那次冲突后，开始尝试把被自己压抑了的情绪找回来。他为此做了几件事：

第一件，允许自己去及时地感受心中的不满、委屈和气愤。

第二件，了解自己产生这些情绪的具体原因。

第三件，跟自己说有情绪很正常，没什么好自责的。

他发现，自从接纳自己的情绪后，他悄然发生了一些变化：

第一，他在工作中更能体会到客户的情绪状态了，因为他打开情绪雷达时，不仅探测到了自己的情绪，还探测到了客户的情绪。

第二，他会偶尔跟客户表达负面情绪，展示自己脆弱的一面，反而得到了客户的理解和支持。

第三，再遇见不合自己心意的服务人员时，他没有那种想爆发的冲动了。因为他在接纳自己的同时，也学会了接纳别人。

我乐见他能重塑自己的情绪观，及时做出调整和改变，避免在错误的道路上迷失自己。

由此可见，保持表面上的情绪稳定，并不表明你能很好地处理人际冲突。要想真正学会调整情绪，我们首先要放下"情绪有罪论"，容许任何情绪的存在，学会与情绪和解。"牵起情绪的鼻子"不可能靠刻意压抑负面情绪来实现。我们只有学会正视情绪，挖掘情绪背后的想法，才能调整好自己情绪的走向。

我很感谢自己在冲突里感受到的各种情绪，有了它们的保驾护航，我才健健康康地活到了今天。当我们学会接纳情绪后，就离接纳冲突更近了一步。

"解决"和"逃避"以外的选项

如果我能放下对冲突的恐惧，改变自己的冲突惯性，不让情绪影响我的决策，是不是就能很好地解决人际冲突了呢？答案是："不是。"我在冲突面前依旧常常力不从心。

经过反思之后，我恍然大悟：我的出发点错了。我本想努力解决所有的人际冲突，但这不现实。总有一些冲突是没办法解决的，你越想解决它，你的处境就越艰难。

不是所有的冲突都能被解决

所谓"解决冲突"，是指冲突一方或者各方以某种非对抗的方式消除了彼此的争议、分歧或对立。当冲突各方不再有矛盾时，一切对抗性的行为就会消失，大家就可以通过沟通和协商来达成一致。

但生活往往没这么顺理成章。更多时候，你会遇到下面这些情况：

情况一：掌舵人不是我

家里长辈间的恩怨，公司上级之间的斗争，不同社会群体间的纷争，等等。这些大的冲突往往超出了我的掌控范围。我最多算一个被卷入冲突里的"NPC"（网络游戏术语，指"非玩家角色"）。

曾经，我发现自己被一场巨大的冲突卷了进去，而我不是那个能够主宰冲突走向的掌舵人。这场冲突影响着我，吞噬着我，却不受控于我。我越想做些什么，就越被它压得喘不过气来。且不说大的冲突，哪怕是两个人的冲突，对方是否愿意解决矛盾，也不是我能控制的。毕竟，我没有绝对的掌控力。

情况二：掌舵人是我，但是客观条件不允许

即便我对冲突有绝对的掌控力，客观条件也可能成为解决冲突的阻碍，比如，稀缺的资源、无法响应的系统，或者不合时宜的时间点以及其他不可抗力。这些都不是一道命令能解决的。

情况三：主客观条件都成立，但是计划赶不上变化

在这个充满不确定性的时代，无论做什么事情，我们都要考虑当前的状态能持续多久，因为一切都变化得太快了。比如，我们今天还在为处理一次职场人际冲突而绞尽脑汁，第二天冲突双方就突然离职，各奔东西了，完全不给我们调解纠纷的机会。他们之间的矛盾可能会一直延续下去，而我们很难再

插手解决。

所以，"冲突一定能被解决"本身就是一种不切实际的执念。这种执念有一个潜在的假设：只要冲突解决了，我们就离成功不远了。换言之，重点是如何化解矛盾，只要解决了冲突，就万事大吉。但事实上，正是这个毫无恶意的初衷，成了我们钻牛角尖的源头。

人们越是追求零矛盾和零冲突，就越容易钻牛角尖。钻牛角尖往往是失控的开始：一味寻找冲突的解决方案，为此付出了极高的代价，却没意识到其他的可能性。

试想一下，如果我们放下"冲突一定能被解决"的执念，就能减轻心理负担，转身拥抱更多的可能性。比如，最大限度地降低冲突各方造成的负面影响；尝试将双方的敌对关系变成一种有序可控的良性冲突关系；甚至可以在必要时选择放手，不再与之纠缠。

应对冲突的四象限法

从根本上说，人们所谓的"解决冲突"，更多是指结束对抗状态，消解剑拔弩张的敌对气氛。很多时候，我们看似成功解决了某种冲突，其实只是卸掉了冲突的面具——外在的对抗状态而已。冲突依然在那里，只是换了一种形态。

冲突的本质就是矛盾各方的博弈，而对抗只是博弈中比较激烈的那个环节。消除了对抗，不等于解决了冲突本身。

我们到底该如何面对冲突呢？我们要不断尝试从更多的角度思考冲突，为大脑这个处理器持续升级，探索新的冲突处理方式。下图（见图1.4）就是我总结的四种处理冲突的基本方式。

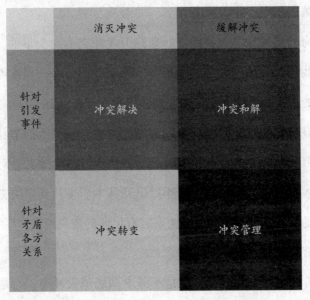

图 1.4　处理冲突的四种基本方式

第一象限：冲突和解

"和解"二字很好理解。以我们常说的"与自己和解"为例，它并不是提倡我们深挖生命的本质矛盾这座"冰山"，而是希望我们接受整座冰山。只有内心保持平静和包容，才可能达成和解。"和解"看似是妥协，实则是放下。

冲突和解就是矛盾一方或各方为了和平共处做出一些让步，进而缓解冲突。这种处理方式不寻求让冲突彻底消失，是最缓和的处理方式。

第二象限：冲突解决

为了解决冲突，我们要处理好引发冲突的源头事件。这就需要我们去关注隐藏在水面下的"冰山"部分——根本原因，通过处理水面下的问题来彻底解决露出水面的问题。

但不是所有的问题都可以被彻底解决，有些事情本身就是一种持续博弈，此消彼长是其不变的规律。尽管如此，对于其中一些事情，我们还是可以通过研究其本质来找到解决方法。这需要我们面对不同的冲突关系时有足够的辨别能力。

第三象限：冲突管理

所谓"冲突管理"，就是不寻求彻底消灭冲突，而是尽量增加冲突的正面影响并减少其负面影响。除了解决引发冲突的事件本身，冲突管理应更多聚焦于处理矛盾双方的关系。

冲突管理在组织管理中是一个流行词，因为组织是由人组成的，着眼于事不如着眼于人那么立竿见影。比如，企业可以采用"上班打卡，迟到罚款"的方式来解决员工迟到问题，也可以通过提高员工的积极性来间接减少员工迟到现象的发生。

"打卡""罚款"是着眼于事，"提高积极性"则是着眼于人。冲突管理能给予矛盾各方更多回旋空间和自主性，是一种温和的处理方式。

第四象限：冲突转变

冲突转变是一种结构性和系统性的冲突处理方式。它针对的是矛盾各方的关系，旨在通过影响其所在系统和关系结构，把冲突转化为另一种形式，进而彻底解决旧的冲突。

如果说冲突解决侧重于冰山下的部分，冲突管理关注的则是如何让泰坦尼克号不撞向冰山，而冲突转变更关注能否将汪洋变成陆地，让冰山和泰坦尼克号不再有相撞的可能性（见图 1.5）。

这四种冲突处理方式出发点不同，最终导致的行为也不同。

举个例子。一家公司的事业部 A 和事业部 B 因为资源分配问题发生了冲突，导致组织内耗严重。总经理为了尽快恢复两个部门之间的正常沟通，找了第三方调解机构来协助处理。对于这件事，我们可以以上述四个不同的角度作为切入点。

没有哪种处理方式是百分之百正确的，每一种都有可取之处。应该选择哪种方式，或者综合运用多种处理方式，全看当

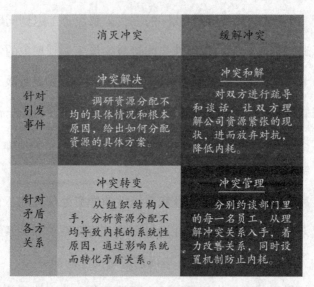

图 1.5　四种冲突处理方式的行为特征

事人的决定。但至少，我们看到这张图时应该记住，我们拥有更多选择，不必局限于冲突解决这一种选择。

　　总之，我们在应对冲突时，不只有"逃避"和"解决"两个极端选项。"逃避"固然不可取，"解决"也不一定能完全达到目的。我们在面对冲突时，可以回顾上面的四象限图，找到最适合当前情况的处理方式。

第二章

重建内心秩序，减少无效冲突

四个原因触发你的战斗模式

"正确看待冲突"让我不再盲目逃避，"觉察冲突惯性"让我尝试跳出既定模式，"明白想法可以影响情绪"让我更接近冲突的多维本质，"常常关照情绪健康"让我接纳自己和他人，"冲突四象限法"给了我更多选择。这是我这些年的反思和总结。

有些维度能让我更从容地面对冲突，有些维度能让我更了解冲突。我始终聚焦于"冲突"二字，尽量站在上帝视角，以看清冲突的全貌和冲突里的关键环节。但是，我们不能忽略冲突中人的因素。冲突中还有你、我、他——关键的当事人！

心理学大师阿德勒说过：人类所有的痛苦，皆来自人际关系。对于这一点，我深有体会：在职业发展教练会谈中，很多客户的苦恼最终都源于"我是谁""我要成为什么样的人"和"我要和别人维持一种什么关系"这三个问题。而"我是谁"和"我要成为什么样的人"又受第三个问题的影响，所以，第三个问题是更底层的问题，它支撑了人们的很多外在行为。

我们从上帝视角重新回到"我和别人的关系"这种平视的

角度，问问自己："我为什么会和别人起冲突？"到底是哪些
原因让我们和别人产生了冲突？

我的控制欲发作了

人的控制欲没那么复杂，其背后的想法也许只是："他和
我想象中的不一样，我最好把他改造成我想象中的样子。这样
一来，我就不需要沟通、协商或让步了，直接就能达成终极
目标。"

如果孩子听话，亲子矛盾就会少一些，反之，你会气到骂
孩子不争气；如果团队成员能达成一致，你的脸色就会好看一
些，反之，你会不满到大声训斥；如果伴侣事事依着你，吵架
就会少一些，反之，你会委屈到天天与之争吵。

在以上所有冲突中，你并不是真的生气、不满或者委屈，
你只是想要一个和你步调一致的人、一段没有争执的关系以及
一切尽在掌握的生活。毕竟，要求别人比要求自己更省事，改
变别人比改变自己更符合人性。

这种控制欲一旦内化成行为模式，就会处处挑起矛盾。如
果改造别人不成功，你就会认为自己已经仁至义尽，只有爆发
冲突一条路可以走了。**控制欲让我们只想通过说服和控制对方
的方式来推进关系。**

但是，并非只有"控制"和"被控制"才能推进关系。形成一种更良性的关系不好吗？

沟通偏离轨道

"你这人怎么这样？"

"你对妈妈是什么态度？"

"你要这么说，我也没办法。"

"你心里到底有没有我？"

你是不是很熟悉这些质问？当我们这么说话的时候，我们的沟通已经偏离了它原来的轨道。

大多数时候，冲突都始于一些微不足道的小事，我们甚至搞不懂为什么最终会演变成争吵甚至肢体冲突。

我们本来想的是"对于这件事情，我不认同你的做法"，说出口却变成了"我对你这个人极度不满"；我们本来想的是"请你下次不要这样做"，说出口却变成了"你到底是不是在乎我"；我们本来想的是"你这样做完全没考虑我的感受"，说出口却变成了"你故意不想让我有好日子过"。

冲突本身是由不同和差异引起的，但往往因为错误的沟通方式一步步升级成矛盾和对抗，最后形成了僵局。最初，大家只是对某件事情持有不同的观点，后来却上升到"尊重""平等"甚至"人性"的高度，开始偏离最初的讨论方向。我们从在乎事情本身，变成了在乎对方的态度、语气，甚至呼吸的力度。

脱轨的"沟通列车"到底要驶向哪里？即便它能够靠站，停靠的也未必是我们想要的那一站。

想要被别人喜欢

"是不是无论我做什么，你们都觉得我不够好？"

"你为什么对我百般挑剔？"

"老板就是看我不顺眼！"

我们在听到负面反馈时通常会有这样的反应：不管对方说了什么，我们首先会认为对方不认可自己。父母唠叨几句，我们便怪父母对自己太苛刻；爱人抱怨一下，我们便认为他不爱自己；孩子发句牢骚，我们便暗骂"养了个白眼狼"；领导或同事提点改进意见，我们便觉得他们在针对我们。总之，我们认为，一切矛盾都源于他们不喜欢我们。

之所以有这种念头，是因为我们太渴望被别人喜欢或认可了。我们把别人的喜欢和认可当成了自我肯定的前提。但是，建立在别人认可之上的自我肯定，极其脆弱。稍有负面反馈，我们就会自我否定。这让我们很难接受别人的负面反馈，因为我们已经陷入一种自我封闭状态，无法打开接收信号的雷达。

对待负面反馈的方式是冲突良性发展的关键。从负面反馈中接收有效信息的阻碍之一就是"想被别人喜欢"的念头。

负面反馈真的意味着对方不喜欢你吗？就算对方不喜欢你，又能怎样？

捍卫自己的领地和内心秩序

动物性让我们想要捍卫自己的领地和利益，人性让我们想要维护内心的秩序。领地被侵犯时，我们会奋起反击；利益被损害时，我们会尽力维护；内心秩序发生混乱时，我们会无法忍受。"我是谁""我的边界在哪里""我要维护什么"，这些问题构成了我们内心世界秩序的基础。

陌生人见面，话都没说几句，能有多大的矛盾呢？但偏偏陌生人之间会发生争执，甚至大打出手。

同事抬头不见低头见，更应该"做人留一线，日后好相见"，但为什么同事之间会寸步不让呢？

夫妻同床共枕多年，自然应该有话好好说，但夫妻之间翻起脸来往往是最伤人的。

父母本该是最爱孩子的人，但偏偏很多人的心理创伤都来自原生家庭。

有证据表明，当我们的领地和内心秩序受到侵犯时，我们必须通过激烈的对抗来赶走外敌，重新获得安宁。有一些冲突，就源于我们的大脑接收到了被侵犯的信号。对恢复旧秩序的向往，是我们在冲突中爆发的动力之一。

但是，爆发冲突后恢复的宁静还是原来的宁静吗？被破坏的内心秩序和被闯入的领地真的能恢复原样吗？

控制欲会让我们变得短视和狭隘，看不到人际关系能带来更多能量和意外收获；脱轨的沟通会让我们偏离冲突的本质，聚焦于如何防卫和反击而不是解决问题；"想要被别人喜欢"的念头会让我们失去对自己的掌控权，将自我评价绑定在别人的看法上，接收不到有效信息；捍卫领地和内心秩序的倾向则让我们筑起一道铜墙铁壁，忽视了那些可能很美好的变化。

当我聚焦于人时，我更能理解自己，也更能理解关系本身了。没有人会无缘无故地制造冲突，也没有人会在冲突中无缘无故地爆发。你和他人起冲突的时候，不妨扪心自问："我到底为了什么？"找到那个将我们推入冲突的原因后，我们会更有信心面对冲突。

在很多情况下，我一度将冲突误认为是出路，是万能钥匙。其实，不同的门，要用不同的钥匙去开；不同的方向，也会有不同的路。只要我们把目光聚焦于自身，冲突就不是处理人际关系的唯一路径。

告别控制欲，化无效冲突为有效的自处

很长时间以来，我对"控制狂"的认识仅停留在一些影视剧或社会新闻中，比如电视剧《不要和陌生人说话》里令人不寒而栗的安嘉和，电影《沉默的羔羊》里读透人心的"食人魔"汉尼拔等。因为我没有"控制狂"倾向，身边也都是正常人，所以我从来没有关注过控制欲对生活和人际关系的影响。随着自我觉察的深入，我发现，我们总是企图控制别人或者被别人控制，只是我们没有察觉而已。很多人深陷对生活不满和无效冲突的沼泽，因为他们无法识别控制欲的 N 张面孔。

识别控制欲

控制欲之所以不易被识别，大多是因为我们对它进行了合理化，为它带上了伪善的面具。来看看我们对控制欲的错误归因：

症状一：易焦虑，经常有"如果不……就……"的想法，这些想法往往是非理性的或毫无逻辑的。比如，"如果这次还不升职，我的职业生涯就完蛋了""如果孩子不听我的话，他未来就会经历苦难""如果我不能为家人做到这件事，我就不是好丈夫／爸爸／儿子"。

　　归因："我只是有点焦虑，可能是受了环境和其他人的影响。"

　　症状二：总觉得自己是为别人好。你总认为自己思虑周全或者善解人意，其他人都应该乐于遵从你的计划，因为那是你精挑细选的方案。别人一旦不服从或不领情，你就会十分失望、委屈或者愤怒。

　　归因："圣母"心态或者太为别人考虑了。

　　症状三：威胁或恐吓别人，以达到自己的目的。比如，威胁孩子要剥夺他珍视的东西，好让他听话；威胁伴侣"你要是走，我们就分手"；甚至在工作中经常用惩罚的方式来避免员工犯错。这些情况太常见了，以致我们通常不会把它们和控制欲联系起来。

　　归因："气头上的话而已，我只是采取了一些必要手段。"

　　症状四：无法等待，因为等待会让你无比煎熬和痛苦。比如，在等待某个结论的过程中，不安到无法做其他事情，体验到极大的心理压力，甚至无法忍受一件事有模糊不清的状态，口头禅是"你今天必须把话说清楚"。

归因："我只是性子急而已。"

症状五：对别人提出要求和希望时，经常事无巨细。比如，作为上司，在工作中处处进行微管理，不给员工喘息的空间。

归因："我只是不够放权或者不信任别人。"

症状六：喜欢评判别人，并且无法把这种评判藏在心里，经常拐弯抹角，看似不经意地表达自己的看法，事后还表示很无辜："我不是这个意思，你想多了。"

归因："我不会说话，情商低。"

症状七：平时很正常，但如果事情的发展不如自己的预期，就很难适应，希望一切回到自己想象中的样子。

归因："我适应能力比较差。"

症状八：用让人不快的话直接说出自己的想法，在此过程中只考虑自己的想法，不考虑别人的感受或其他可能性。比如，经常在微信聊天群中怼天怼地，一听到不同意见就跟人吵起来，结果却发现小丑竟是自己。

归因："我性格太直率，说话不够含蓄。"

以上八种症状，经常被我们归因为性格、心态或者能力等，但追根究底，都是因为我们太想控制事情的发展方向、别人的行为甚至想法了。控制欲落空后，我们就会用一些不那么聪明的方式来表达自己的负面情绪。而最后将原因聚焦于负面表达，而忽略了背后的控制欲。

和隐藏的控制欲说再见

控制欲源于人性，是一种强有力的生存欲望。似乎只有一切尽在掌握，我们才有生存的空间，才百分之百安全。很多时候，我们的控制欲都源于缺乏安全感：怕失去，怕得不到，怕被伤害。

控制欲有时会让人走向极端，但更多时候，它是一种隐形的存在。控制欲走向极端的时候，我们听不进去别人的意见，不能站在对方的角度思考问题，这会让我们的人际关系十分紧张；控制欲隐藏起来时，我们表现得彬彬有礼，甚至善解人意，但内心却处于失控的焦虑中，久而久之，我们也会陷入冲突之中。

在上述两种情况下，我们都无法获得内心的安宁。让我们无法安宁的并不是控制欲，而是控制欲落空后的无法自处。正是这种无法自处，向内变成了痛苦，向外变成了冲突。痛苦和冲突都无助于我们获得内心的安宁，因为它们并非来自关系，而是来自内心深处。这时候，用上帝视角来审视冲突是不够的，只有回归自我视角，从我们的见闻和感受出发，才能把无效冲突转化成有效自处。

想要告别隐藏在关系中的控制欲，你可以把控制欲想象成另一个自己，跟"他"说这么几句话：

第一句话："你好。"

觉察并且接纳自己想要掌控别人的念头，告诉自己这很正常，没什么好惭愧的，更无须自责。

第二句话："你想要什么？"

问问"他"为什么想要掌控别人：为了更好的关系、更好的人生，还是其他什么？

第三句话："我怎样才能帮到你？"

当你知道"他"的目标后，可以问问"他"：除了控制别人，还能通过什么方式达成同样的目标。

第四句话："即便我们做不到，又能怎样呢？"

问问"他"：即便没有达成目标，生活就无法继续了吗？

提醒"他"：放下控制别人的念头，生活还是会继续的。

第五句话："如果还是放不下，那就搁置一下。"

如果依然放不下，也请容许"他"放空一下。

第六句话："如果准备好了，我们就说再见吧！"

让"他"来去自由，你也不必再去控制自己的控制欲。

我们不要急着批判控制欲，因为它表明我们在某些方面还没得到安宁；我们也不要急着甩掉它，因为如果它是让船启航的帆，那么突然失去帆的船会迷失在海浪里。

最好的状态应该是，我们肆意地扬着帆，奋力地掌着舵，努力开好这艘船，也享受每一次随浪而行的旅行。毕竟放眼望去，我们永远都在海上，不曾离开。

总有一种沟通公式适合你

美国作家纪伯伦说："一场争论可能是两个心灵之间的捷径。"我们应该忠实地表达自己的情绪，在冲突中不怕得罪人，但这不代表我们不需要改进沟通方式。不恰当的沟通方式会激化矛盾，无法把恶性冲突转化为良性冲突，更不可能让我们从中获益。

沟通的重要性不用赘述。有很多学者总结出了很多关于提升沟通效果的方法。不论是马歇尔·卢森堡博士的《非暴力沟通》，还是畅销全球的《关键对话》，又或者是网上随处可见的"改善沟通的 N 个技巧"，我们都能从中有所收获。

《非暴力沟通》建议我们通过"不带预设地观察正在发生的事情""识别和表达内在的身体感觉和情感状态""体会自己内心真正的需求""用清晰和积极的语言说出自己的请求"四个步骤来进行沟通，从而拒绝无意识的暴力沟通。

《关键对话》更是指出了一种残酷现实：能够在"关键对话"中更好地进行沟通的人更有机会"活下去"。作者建议人们识别"关键对话"，并按照"拒绝傻瓜选择""营造安全氛围""共享事实信息"和"了解真实动机"四种思路进行沟通。

学来的技巧未必好用

我学过很多沟通技巧，也认同其背后的逻辑和道理，但这些技巧没能让我在冲突关系中游刃有余，尤其是面对孩子时。虽然我前一天刚听过"非暴力沟通"讲座，学会了区分"事实性描述"和"主观评价"，但第二天在辅导作业时还是会忍不住阴阳怪气地对孩子说："脑子是个好东西，麻烦你捡起来用一用！"

虽然我知道任何改变都需要时间，改变的过程也会有反复，但我还是想问：是我没有学到精髓，还是我天生资质平庸？是沟通公式无法放之四海而皆准，还是我的用法不对？

我们不难发现，对沟通技巧的总结虽然有用，但难免过于公式化。这些沟通技巧大多建议人们探寻真正的需求，描述客观信息，耐心聆听对方的心声，表达自己的真实感受和底层需求，细化自己的请求，等等。为了简单且易于被看懂，它们被标准化、简单化，以公式的形式来推广。

但问题在于，学习者一旦发现其在某种场景中不好用，就会产生不好的印象，以后就再也不想用了。所以，沟通没有万能公式可言。公式再完美，到了每一个人手里，都会有差别，稍有不满意就会被摒弃。

更何况，在人际关系中，对方也是不可控的。僵硬的公式化沟通，难免让对方摸不着头脑，甚至觉得自己被"套路"了。

找到你的沟通优势

如果没有万能公式，那么沟通这道题到底还有没有解？我认为有的。

我在进行职业咨询的过程中发现，很多客户都对"如何在职场中跟老板或 HR 沟通"有疑惑，不知道如何说话才能达成目标。这给了我灵感。一开始，我也是帮助他们明确自己沟通的主要目的，识别公司和老板的理念，整理客观事实，让他们通过换位思考来体会各自的需求和立场，分析当下适合运用什么样的沟通方式。

但是，对此有疑问的人越来越多。我也发现，每个人都面临着不同的处境和不同的老板，我很难给他们一个标准答案。

在一次咨询中，客户对我说："一直以来，我都不太会说话，我也不知道怎样才能成为一个会说话的人。"这句话触动了我，因为我爸妈当年也是这么评价我的，他们也觉得我"不会说话"。在我有了孩子之后，他们还经常强调要我培养孩子从小"爱说话，会说话"。

沟通只是"会说话"吗？沟通是一个复杂的系统工程。

如果我们错误地认为"沟通就是会说话"，那么天生就不善言辞的人岂不是要在这条路上受尽折磨？他们每次与人沟通时，都如坐针毡、如芒刺背。

我始终坚信，一个人只有在做他擅长并想做的事情时才会熠熠生辉、绽放光彩，才会看见自己而后看见别人，因为觉察和关爱一定是由己及人的。如果我要求别人压抑自己"不会说话"的痛苦，强行要求其去沟通，那么我自己尚且是"泥菩萨过河"，如何聆听别人的心声，理解别人的感受？在这种情况下，沟通公式毫无用处，因为整个沟通都建立在痛苦之上。

很多人会反问："既然痛苦是一种主观感受，为什么不能自行调节呢？"他们不知道，这样抗拒感是很难改变的，就像人被针刺到一定会躲闪，被阳光直射一定会闭眼。

我高中的时候，我爸爸就带着我去没人的野外练车。尽管四周连一个人影都没有，我还是十分害怕，第二次就撞上了一个大土堆。我现在都记得我爸蹲在他那辆桑塔纳前用细木棍挖土的画面。从那以后，我一开车就会紧张，但我爸依旧坚持教我开车。虽然他会把车开到没人的地方让我练习，但每次都以我喊"胃疼"结束。

我的胃疼不是装的，那是我身体最真实的反应。

大学毕业后，我下决心要考驾照，因为驾驶毕竟是现代社会一项重要的技能。我去了驾校，一开始还是很紧张。教练先教我倒车入库，告诉我到什么位置就要开始转方向盘，转几圈，等等。我对这种机械操作还是驾轻就熟的，因此得到了教练夸奖，这让我信心倍增。在那之后，我碰到车再不胃疼了。多年以后，我爸这位老司机对我车技的评价是："除了我亲自开车，坐你开的车我最安心。"

通过这件小事，我想说：如果沟通和开车一样，都是需要演练和学习的技能，我们就从自己最擅长的地方开始吧！找到沟通优势，或许是解题的第一步。

比如，我不善于进行对抗性对话，但却善于用文字整理和表达自己的想法。我可以在预期某段对话走向对抗时跟对方说："不好意思，我有一件提前安排好的事情要办。处理完这件事后，我再给您发邮件说明情况，之后我们再打电话或见面沟通，这样可以吗？"这样一来，我不但为双方争取了恢复冷静的时间，还能发挥自己的优势。当我的沟通基于我的优势时，我就会敞开心扉，去体察关系中其他人的感受。

在这种情况下，如果我逼着自己做一个"会说话"的人，结果可想而知。

如果你擅长分析数据，那就多用数据说话；如果你擅长解决问题，那就多提供解决问题的方案；如果你擅长察言观色，那就充分展现自己的同理心。

总之，找到自己的优势，才能让沟通有个好的开始。

在沟通框架下，形成属于自己的冲突公式

既然沟通是一个庞大的系统，那么找到自己的沟通优势就只是一个切入点，重要的还在于沟通的具体过程。

冲突刚开始的时候，我们经常会说："让我们好好沟通一下。"但我们沟通的到底是"事实"，还是"情绪"呢？

如果本来应该讨论"事实"，但却在"情绪"上徘徊不前，就会让对抗升级；如果本来应该顾及"情绪"，但却冷冰冰地就事论事，沟通的桥梁就会被堵塞。所以，脑子里有清晰的沟通框架十分重要（见图 2.1）。根据这个沟通框架，再结合自己的沟通优势，定制一个属于自己的沟通公式，未尝不是一种更好的方法。

这个框架包括了我们在沟通过程中需要考虑的基本内容，忽略其中任何一部分，都可能让沟通陷入僵局。简单来说，**我们需要照顾到沟通各方现在和未来对事实和情绪的看法和期待，**

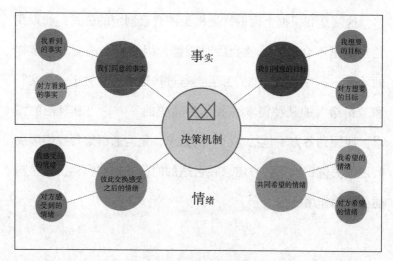

图 2.1　沟通框架

同时明确沟通之后的决策机制，这样才能保证沟通框架的完整性。 也只有保持沟通框架的完整性，各方的沟通体验才可能帮助我们达成某种程度上的共识。

而后，我们就可以根据这个框架，从自己的优势出发定制自己的沟通公式，甚至可以分场景来调整。

比如，在跟客户沟通时，我会用这个公式：

明确对方目标＋体察对方现在的情绪＋询问对方期待何种感受＋表达同理（统一目标）＋双方交换和讨论事实＋确定决策机制＋如有必要重复前面的步骤

　　这就是我根据上面的沟通框架图自己制定的公式，如果我觉得哪里不合适，我就会随时调整，因为客户的需求是多样的。唯一不变的是，他们都需要通过沟通来达成关于"事实"和"情绪"的某种需求。我作为其中的一方，也有自己的需求。照顾到各方（包括自己）的需求，是沟通框架帮我们解决问题的关键；确保各方需求在合适的时间点被照顾到，则是沟通公式的作用所在。

如何有效建议并从负面反馈中获益

人有时候特别自恋，渴望持久的关注与赞美，常常觉得自己的问题是世界上独一无二的，有时候过分高估自己，有时候也会因为别人的负面反馈陷入自卑。最要命的是，我们对负面反馈的反应经常是愤怒、惭愧甚至是羞耻。

人人都希望被认可，没有人喜欢被指责和批评。好在并非所有的负面反馈都是指责和批评，有些负面反馈是前进的重要环节和推动力。

区分"破坏性批评指责"和"建设性负面反馈"

为什么要区分两者？因为我们面对负面反馈时，不是要变成一个无论如何都会不生气的"棉花人"，一个把所有职责和批评都当作"圣经"的"木偶人"，或者一个力图抹去所有负面评价的"橡皮人"。

"棉花人"是空心的，无论别人说什么，他都一笑置之，虽然他不会受伤，但也无法拥有一段高质量的关系；"木偶人"

整个身体都是心，无论别人说什么，他都觉得有道理，在别人的评价中耗尽能量；"橡皮人"试图蒙住自己的心，假装一切都很好，试图擦掉所有负面评价，给自己建造了一个看似美好却一戳就破的"泡泡王国"。

要识别哪些是可以置之不理的破坏性批评指责，哪些是有建设性的负面反馈，我们可以从以下几点来判断：

● **批评**通常是主观评价，比如，"我认为这件事你做得很糟糕"；**反馈**通常是客观评价，比如，"你这篇文章中有15个错别字"。

● **批评**通常是居高临下的和不容置疑的，比如，"你怎么不向我汇报就擅自做决定"；**反馈**通常是平等的和询问式的，比如，"我很想知道，你为什么绕开公司规定做决定"。

● **批评**通常只给评价没有建议，比如，"你这个方案太无趣了"；**反馈**通常带有建议或者解决方案，比如，"你可以在这里添加一些说明，让大家更易于理解"。

● 在实际生活中，我们遇到的情况往往比较模糊。需要特别区分的是：有些批评披了一件"糖衣"，实则没有建设性和可行性，这种看似礼貌的评论也属于批评；有些反馈显得咄咄逼人，很像"情绪炸弹"，实则可以推动事情的进展，这种反馈也属于建设性负面反馈。

面对破坏性批评指责，我们需要根据实际情况来分析哪些信息是有用的，然后把无关信息和情绪抛在一旁，并对自己说："这是我无法控制的，是对方的问题，我没必要受其影响。"

我们要把建设性负面反馈当作前进路上的礼物，因为它能帮助我们探索自己未知的部分，同时看清对方的需求。这是一举两得的好事。

接受负面反馈这一珍贵的礼物

很多冲突都是因为某一方甚至双方没处理好负面反馈，而使沟通向坏的方向发展。提出不同意见和建议，以期对方给予合适的回应，这是负面反馈的用意。但往往，负面反馈就像一颗雷：扔的人胆战心惊，怕炸伤自己；接的人像拿到了烫手山芋，又气又恼，不知如何是好。

想要正确处理负面反馈，我们需要先"排雷"。所谓"排雷"，就是要明白其本意是想推动事情前进，从而放下抵触情绪。

说起来容易做起来难，因为情绪一旦上来，就很难控制。

我就是在负面反馈中长大的，因为我的父母与那一代大多数父母一样，认为一直夸奖孩子，孩子就会"飘到天上去"。

所以，父母给我的一般是负面反馈，比如，"不会说话""做事情三分钟热度""身体不协调""生活能力弱"等等。

即便成年后阅尽人世，我也在很多年里无法正确处理他们的负面反馈。我处理他们负面反馈的模式似乎只有两种：一是默默地听着；一是忍无可忍，反驳、哭鼻子甚至发脾气。

对于我的两种模式，他们的看法是一样的：当我沉默时，他们认为我不服气；当我反驳时，他们也认为我不服气。所以，即便一开始尚有建设性，随着怨气日积月累，建设性负面反馈也会被当作破坏性批评指责。

后来，我在"沉默"和"爆发"之间找到了一种更理想的模式，那就是"有效互动"。不同于一味沉默或奋起为自己辩护，我会先聆听，然后询问并确认，之后给出自己的想法，再不断重复这样的过程。

为了进入"有效互动"模式，我会在面对负面反馈时这样想，好让愤怒或者羞愧的情绪缓和一下：

第一

如果对方真的不喜欢我，是不会给我任何建议的，所以，我并不是不被喜欢的。

第二

即便我的辩护成功了，对方也不会因此多喜欢我一些，所以，不必急着为自己辩护。

第三

对方一定很用心，因为他给予了反馈和建议，而没有恶意批评和指责。

第四

我只需要想好该如何回应，不需要指责对方的反馈方式，因为我有不接受的权利，对方也有提出反馈的权利甚至是义务。

第五

感谢对方送了一份礼物给我，让我能少走一些弯路。

第六（如果对方的话真的刺痛了你）

对方一定很痛苦，才会用这种方式来表达自己。我也很勇敢，但为什么偏偏这句话会刺痛我呢？难道是因为他说中了某些东西？

当我想到上面这些时，我的很多情绪都会缓和下来，我会开始思考对方的建议是否可取，或者依旧按照自己的想法采取行动。

学会给出建设性负面反馈

正确处理负面反馈是需要不断练习的，最好的办法就是，先学会如何给出一个让对方更易于接收也更温和的负面反馈。

成功的反馈源于合理的动机，即反馈者要明确自己的目的：为了显示自己的优越感，还是为了促使对方完成某件事？为了对方好，还是出于自己的某种利益？

正确的动机应该是，反馈者基于自己观察到的事实，进行诚实的描述，从而引起对方的关注，提升双方的沟通价值。在正确的反馈中，双方都可以得到自己想要的结果：某种改变或进步的可能性。这就是沟通价值。

一个人的"表演"，永远都不是有效的反馈。有效的反馈，能提升双方做出某种改变的可能性；无效的反馈，轻则没有促成改变，重则损伤人际关系。

有研究人员专门研究了一些失败案例，他们发现，不太成功的反馈通常对人们的脑回路并不友好。人们经常在反馈中陷入两种极端：一是表达过于委婉、和善，对方甚至没有意识到他在进行负面反馈；一是表达过于直接、突兀，对方很快采取了防御的姿态，反馈根本无法达到目标。

他们又研究了一些成功案例，总结出了进行有效反馈的方法：

第一步，用一个简短但重要的问题开启反馈，而且是那种大概率不会被拒绝的问题（the Micro-Yes Question）。比如，"你有5分钟时间吗？我想跟你聊聊如何改进这个PPT"，或者"关于上次的事情，我又有了一些新想法，能跟你聊聊吗"。这种小问题能让对方明白，接下来的谈话是关于反馈的。由于反馈是以问题的方式开始的，可以激发对方的思考，同时让对方觉得获得了自主权。

第二步，用具体和客观的语言进行反馈。尽量用数字和客观描述进行反馈，避免使用模糊词语。比如，与其说"你很靠谱"，不如说"你说周五把报告给我，就真的周五给我了，非常准时"；与其说"你有点儿不负责任"，不如说"这版PPT上面有3处错误，1个数据不太准确"。总之，尽量去掉你的主观意见和评判，只进行客观描述。因为主观意见往往用的是偏模糊的词，而这些词无法有针对性地帮对方修正自己的行为。

第三步，在客观描述之后，要说清这件事情的影响。比如，"你提供的数据不准确，导致我们在整合数据时多花了半天时间，耽误了进度"，或者"我很欣赏你后面加的那个案例，它非常有助于我理解这个概念"。这一点很重要，因为我们的大脑是追求意义的，而把影响说出来，就是在赋予对方的行动以意义。

第四步，以征询式的问题结束自己的反馈，让对方有表达自己想法的空间。比如，"以上是我的想法，不知道你是怎么想的"。

我们之所以曾经是"棉花人""木偶人"或"橡皮人"，是因为我们对负面反馈有着天然的抗拒情绪：认为它表明我们没有得到喜欢和认可。我们没有看到它的正面意义即提升这段关系的价值。玩转负面反馈，关系就会升值，冲突就会升值，我们自己也会升值，何乐而不为呢？

维护内心世界的秩序

我不是特别爱做家务，但我对房间的清洁和规整程度有要求，比如，地面和床底不可以有灰尘；桌子上可以放很多东西，但不可以乱放。我把打扫房间看作秩序感的重建，仿佛内心的无序得到了治愈。但是，每当我蹲在地上，把原本不算脏的地板擦得锃亮时，我总觉得"袖手旁观"的先生很碍眼，甚至会故意找碴儿，冲他发脾气。

时间久了，我不禁会想一些问题。我生气，是因为他没帮我擦地板吗？不是，我只想亲自动手，他擦的，我未必满意。我生气，是因为他没有照顾好孩子，孩子打扰到我了？不是，他确实在照顾孩子。我是希望他消失吗？不是，他在旁边看着，我明明很有成就感。我到底为什么生气呢？难道冲他发脾气是我重建生活秩序的一部分？

我想了很久，不得不承认，这确实是我生活秩序的一部分。在我小时候，我妈就是一边收拾屋子，一边冲我爸吼，而我则十分识趣且安静地听着。日积月累，这种画面在我脑海里形成了一种记忆，它就是我内心里一个家该有的秩序。它很烟火气，让我有熟悉感，似乎只有这样，我才感觉到这是我的家。

但是，需要重建秩序的是我，跟我先生有什么关系呢？他被强行带到了一个他不熟悉的且不那么美好的秩序里，岂不是很无辜？

其实，生活中有太多这样的情况：我们会为了维护自己的内心秩序去影响别人、要求别人，把别人当作自己剧本里的角色，而自己就是那个导演一样的存在——演员如果不按照剧本演，导演就会出来批评指正甚至发脾气。

重建谁的秩序

我认为秩序分为三种：一种专属于我们自己，关乎内心秩序；一种属于全部或大部分人，是社会秩序；两者重叠的部分，是人和人之间的，即人际秩序（见图 2.2）。

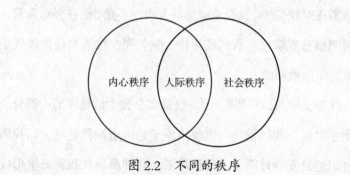

图 2.2　不同的秩序

我们必须遵守社会秩序，否则就会触碰规则或法律的红线，比如，过马路时不可以闯红灯。

对于人际秩序，每个人都有自己的解读，这也是很多冲突产生的主要原因。比如，是不是一定要扶老奶奶过马路，各人的情况和立场都不同。

内心秩序只属于自己，对他人没有任何约束力，但却可以导致人际秩序失衡，比如，有人过马路时必须大声数出斑马线的数量。这个例子看起来莫名其妙，但仔细想想就会发现：**人际关系中的很多冲突都源于某个人要维护对别人来说莫名其妙的内心秩序。**我很想在擦地板的时候冲先生发火，就像我要求一个路人在过马路时必须大声数出斑马线的数量一样，都是在维护自己的内心秩序。

内心世界的秩序，跟别人无关。吵架是于事无补的，就算把内心秩序问题变成人际秩序问题，我们的内心也未必能安静下来，而且可能在维护内心秩序的路上越来越偏执。

问题更多出现在内心秩序方面

冲突看似是因为双方的沟通方式不同、性格不合或者一方伤害了另一方而产生的，但其实是因为我们对待内心秩序的方式出了问题。常见的问题有以下三种。

第一种问题：没有意识到自己处于失序状态。

当我们处于一种混乱、纠结、不知如何做决定的状况时，多半已经失序。比如，另一半犯错时，我们纠结该不该原谅对方；在职场中被上司打压时，我们犹豫要不要反抗。这时候，与其分析情况，筹划行动方案，不如退一步想想：我们在这段关系中都做了什么？这段关系是怎样的？我们希望拥有一段什么样的关系？我们的底线在哪里？只有这些问题得到很好的回答，我们的内心秩序才能被重建。

第二种问题：依靠和别人的互动来维护有序状态。

当我们靠吵架、求得认可、发泄不满、情景重现、获取安慰等方式来恢复内心秩序时，我们往往把主动权交给了别人。比如，我不是很自信，所以需要通过家人和朋友的无条件认可来建立自信；我心情烦躁，所以需要对某个人发脾气。这些做法也许会奏效，但存在很大的风险，终究是最靠不住的。把主动权交给别人，是对自己不负责，对别人也不公平。你要做什么样的人，只有你自己可以回答。

第三种问题：想把内心秩序变成人际秩序甚至社会秩序。

当我们奋起维护自己内心秩序的时候，应该留意一下，我们是不是太过以自我为中心，把内心秩序当成了人际秩序甚至是社会秩序。比如，遇到不顺心的事时，我们就怪别人没有按照自己的意愿行事；看到路人的举动不符合自己的想象，我们就横加指责。我们认为，"我以为的"就应该是"我们以为的"，而"你以为的"不重要。这种想法会让人随时随地和别人发生争执，明明不可理喻或不近人情，却以为自己在捍卫正义。

维护任何一种秩序都是必要的，而冲突是维护秩序的有效方式之一。但是，我们需要在进入冲突状态之前，看清楚到底是哪种秩序发生了混乱。如果是内心秩序发生了混乱，我们就需要跟自己对话；如果明明是内心秩序发生了混乱，我们却一直在跟别人较劲，恐怕他们迟早会离开，留给我们的只有孤独；如果是人际秩序发生了混乱，我们就需要跟他人对话。如果明明是人际秩序发生了混乱，我们却一直在跟自己较劲，那么问题永远得不到解决，留给我们的只有自责。所以，我们要好好问问自己：我们需要重建的到底是哪种秩序？我们该跟谁对话？希望这两个问题能使我们成为内心有序且有温度的人。

第三章

面对他人的刁难，
打开上帝视角

"找麻烦"的人在想什么

在前一章，我们已经认清了自己：我们之所以跟人起冲突，往往是因为我们错把冲突当成了万能解决方案。接下来，我们再来看看冲突的另一方。你有时候可能觉得自己很无辜，莫名其妙地被挑剔和被指责。这时候，即便我们看清了自己，也没什么帮助，因为我们不知道那些"找麻烦"的人在想什么。

我到底做错了什么？对方为什么要给我"找麻烦"？想要妥善处理此类冲突，我们得先分清两种"找麻烦"。

"找麻烦"分两种："不关我事"和"只关我事"

"找麻烦"也叫"找碴儿"，是指吹毛求疵地进行挑剔、批评。这通常发生在我们的付出没法满足别人期待的时候。

我们认为对方在找碴儿，对方却觉得这是最合理不过的要求；我们觉得对方吹毛求疵，对方却认为这是最低标准；我们认为对方在批评我们，对方其实把更严厉的话憋在了心里；我们认为对方在打压自己，对方却认为这是为了我们好。

尤其在职场上，不管是新人还是老人，都曾向我抱怨："我不管做什么，老板都会想办法贬低我、批评我。他一定是在故意打压我！"

当我们自认为尽了最大努力却没有得到认可，反而遭受批评与指责时，我们一般会认定对方在故意找碴儿。一旦有了这种抵触心理，我们的大脑就会自行启动一种防御机制，关闭所有觉察能力，这样一来，就切断了通向良性冲突的路径。

这时候，我们不要急着闹情绪，先停下来想想：这件事到底是"不关我事"还是"只关我事"？

"不关我事"是指对方的态度只是当下某种情绪的产物，与我们毫不相干。此时，我们通常很气愤，觉得自己被伤害、被辜负、被欺负了。但其实，只要我们不把自己放在这件事的中心，我们就会发现，在旋涡中挣扎的是对方。他的愤怒、不满、无助，都只是关于他自己的，并不是指向我们的。

"只关我事"是指对方的态度很正常，但我们却觉得受到了伤害。我们的内心深处通常有一种被刺痛的感觉，难以释怀。这时候，我们或许会感到气愤，但气愤之下潜藏的是羞愧或不敢面对。此时，我们自己才是在旋涡中挣扎的人，但我们通常意识不到，而是认为对方想要的太多。

如何区分"不关我事"和"只关我事"呢？很简单。感觉别人在找碴儿的时候，如果你不能通过"这不关我事，是他自己没想明白"的思路有效解决问题，那么它一定属于"这只关我事，我需要看看自己怎么了"的范畴。

听起来很不负责任？我先举个例子。

我曾经有一个客户，是从传统行业跳槽到某互联网"大厂"的职场新人。因为互联网公司内部调整很快，她入职刚三个月，工作内容就跟最初设定的不一样了，领导安排她负责一项她从来没接触过的工作。她找到我的时候，十分痛苦，称每天上班很痛苦，还在部门会议上被老板骂哭过。用她自己的话来说就是："老板每天都用他的思维逻辑、价值观和喜好来要求我、否认我、打压我。结果就是，我越来越不自信，开始自我否定、自卑，陷入了恶性循环。这是我并不熟悉的领域，他是故意找碴儿。"

第一次会谈时，我问她："你觉得老板说的对吗？"她回避了我的问题，说："老板的要求，我达不到，招我进公司的时候，没说让我干这个。"

我又问她："那么老板的要求合理吗？"她再一次回避了我的问题，说："我可能不适合互联网公司，我的身体也跟不上这种工作强度。我快30岁了，我还得留点儿时间谈恋爱呢。"

我继续问她："你认为老板想要什么呢？"她这次没回避

问题，说："因为原来那个岗位上的人离职了，他想让我接替她的工作。"

我又问她："那么老板的要求合理吗？"她说："其实是合理的。"

这件事情显然不属于"不关我事"的范畴，而是属于"只关我事"的范畴。

之后，我们又进行了几次会谈，都是本着"只关我事"的思路，以她为出发点来探讨的。摒弃受害者心态后，她更加明白了自己的担心、恐惧和目标：她担心自己过不了试用期，对自己完全不懂的工作内容有很深的恐惧，她希望走上更平稳的成长之路，因为那更适合她。

她在那家公司做了很多改变和尝试。几个月后，她还是觉得自己不适合那个岗位和那种节奏，于是离开了那家公司。

后来她说，虽然我们的会谈没有改变事情的结局，但对她产生了很大的影响。如果她一直抱着受害者心态，愤而离职，那么她以后在职场上永远是一种"不关我事"的思维，看不到自己应该在哪些方面努力。经过"只关我事"的探索和努力后，她最终选择了更适合自己的职业路径和生活方式。此时，她不再有不满和委屈，只有对自己的坦诚和对未来的向往。

面对那些找碴儿的人，我们只需要问自己一个问题："这是'不关我事'吗？"如果是，我们就应该尽量把风暴中心还给当事人，不要觉得凡事都是围绕着自己转的。如果这种办法依然不能让被找碴儿的感受消失，那么说明它"只关我事"。这时候，我们需要把自己放回风暴的中心，想想是什么东西引发了这场风暴。

用成长思维看待自己引发的问题

放下那些"不关我事"的麻烦，应该不是难事。最难的是，当我们意识到这一切都是因我而起时，如何面对心底的自责、羞愧或者恐惧。这种感觉让人受挫和失望，唤不起行动力，甚至让人想彻底放手。

这时候，请对自己宽容一点，给自己一个拥抱，告诉自己：被刺痛很正常，每个人都是在披荆斩棘中成长起来的。**有刺痛感，才说明触及了自己的要害，这没有什么好羞耻的，但因此就做一只把头埋在土里的鸵鸟才是一种遗憾。**

在《终身成长》这部经典著作里，心理学家卡罗尔·德韦克把人的思维模式分为两种：固定思维和成长思维。有固定思维的人把失败看作对能力的否定，认为人需要不断通过被认可来证明自己。他们害怕被评价，遇到挑战就退缩，只愿意尝试自己熟悉和掌握的事情。有成长思维的人则把失败看作自我成长的机遇，认为人的能力是不断提升的。他们喜欢挑战自己，面对刺痛感，他们更在意怎样才能比过去的自己更好。

我们被刺痛的时候，很容易开启固定思维，把重点放在"我能力不行""我不被认可""我无从改进"等消极情绪上。这时候，我们处于恐惧模式中。只要我们稍微往成长思维上靠拢一下，就可以进入学习模式：勇于迎接新挑战，征服新目标。直到我们可以自我驱动、自我反思，完成更多自己设立的任务后，我们就会完全开启成长模式。

我很喜欢图3.1，因为它将所有其他模式都放进了成长模式中，让人感觉，无论我们现在处于哪种模式中，都只是达到成

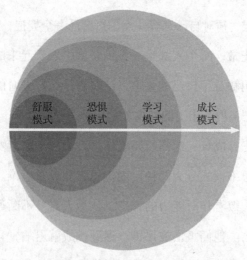

图 3.1　从固定思维到成长思维

长模式的必经之路。我也经常拿它来问自己："我现在到底处于哪种模式中？"

如果我处于恐惧模式中，那么我会告诉自己："别担心，再努力一下，我就进入学习模式了。"恐惧和不安只是必经环节，没有任何不妥。要相信自己的疗愈能力，也要相信自己的努力。

读者可能也发现了，这一节关于"不关我事"和"只关我事"的区分，其实只是玩了一个文字游戏。本质上，"不关我事"和"只关我事"最终都取决于我们如何看待被"找碴儿"这件事。说到底，两者都是"只关我事"，因为只有我们才是自己的主人。

难相处的人真的不可理喻吗

在任何关系中，我们都会遇见难相处的人：难相处的同事，难相处的恋人，难相处的孩子，难相处的父母，难相处的朋友，难相处的邻居，难相处的路人，难相处的客户，甚至难相处的自己。

有的人特别强势，做事一意孤行，很难合作，难相处！

有的人很丧气，做什么事都没有精神，常常把整个气氛搞垮，难相处！

有的人超级自恋，总认为大家都嫉妒他的美貌和聪明才智，令人无语，难相处！

有的人脾气暴躁，还不听劝告，出现问题后，总是指责别人，难相处！

有的人太黏人，让别人没有喘息的空间，还不能对他讲明，难相处！

有的人完全没有主见，做什么事都依赖别人，还总觉得自己是受害者，难相处！

生活中这样的例子，我说上一天都说不完。好相处的灵魂都是相似的，难相处的灵魂则"各有千秋"。

这些难相处的人，为什么要跟自己"较劲"呢？据我观察，主要有以下四种原因。

他们不希望被我们修正

遇到强势的人，我们会说："你能不能听取一下别人的意见？"遇到脾气暴躁的人，我们会说："你能不能冷静一点儿？"遇到黏人的人，我们会说："你能不能自己找点儿事情做？"

我们每每遇到难相处的人，第一个念头就是改变对方，让他变得好相处。这种念头似乎很正常，因为人都是基于自己的需求来考虑问题的。殊不知，这种念头本身就是第一道障碍。

我们遇到一个给我们带来困扰的人时，第一反应自然是："请你把困扰带走，它阻碍了我的生活。"但在实际冲突中，第一反应往往无助于解决问题。

都说当局者迷，即便我们认为对方处于一团迷雾中，也不要认定自己就是能吹散迷雾的风，搞不好我们自己处在一团更大的迷雾中。

他们的核心价值需求千变万化

前文说到，难相处的灵魂"各有千秋"。这使得我们每遇到一种新情况，过往的经验就全部作废。就像游戏打到一半，功力尽失，装备全掉，需要重新来过，令人十分沮丧。

但请仔细想想，在过往经历中，你真的没有什么经验可以吸取吗？强势的人和没有主见的人就没有共通之处吗？他们最大的共通之处就是，都有自己的核心价值需求，只是需求不同而已。能体察对方的核心价值需求，是一种非常重要的能力。

我们不知不觉用抱怨代替了沟通

一个人是否难相处，真的是见仁见智。我觉得老板很难相处，但别人跟他相处得极好；你觉得恋人很难相处，但别人跟他在一起时十分幸福。当我们遇到自认为难相处的人时，我们会向身边人抱怨。反正是发泄情绪，自己似乎也没什么损失。

但这种抱怨真的没有成本吗？

当我们抱怨时，我们损失了本可以用来沟通的时间成本，损失了可以创造其他价值的机会成本，损失了积极的心态，损失了别人对我们的信任，也损失了自己对自己的信心。

我并非提倡面对困难时要一味隐忍，而是不要为了抱怨而抱怨。两者有很大的区别：向别人倾诉是一个整理的过程，在此过程中，我们或许可以发现自己之前未发现的角度，在面对别人的意见和建议时，也会开放地和批判地聆听；为了抱怨而抱怨，只是求口舌之快，自己得到了发泄，却把情绪垃圾倒给了别人，毫无价值。在抱怨中，我们自己也会不知不觉成为难相处的人！

所以，抱怨是有成本的。

我们没能跨越理解和认同的鸿沟

我们很难理解难相处的人，更别说认同他们了。大家明明说的是同一种语言，但双方之间好似隔着一条无法逾越的鸿沟。

"真搞不懂他在想什么！简直不可理喻！"遇到难相处的人，我们通常会这样抱怨，但从没想过自己为什么一定要理解他们的想法。我们似乎认为，沟通的前提是，我们必须理解甚至认同对方的行为、态度或思维方式。这种要求太不切实际了。

也许有人会说："我可以降低标准，不求认同，但求理解。"但是，理解对方的想法，真的有助于沟通吗？话说回来，理解不了对方的想法，就真的无法打交道吗？如果必须这样，你的人际关系恐怕已经所剩无几了。

每个人都是不同的，即便我们可以百分之百地站在对方的角度思考问题，也不可能百分之百地理解和认同对方，因为他们有时候都无法理解和认同他们自己。

一些人难相处，固然有他们自己的原因，但是，就算我们理解了背后所有的原因，也无法保证能够搞定这些人。问题的关键在于，我们如何看待这些人，想要如何对待他们，以及想要和他们保持一种怎样的关系。

如果我们总是控制不住改变他们的冲动，一味地抱怨，把他们看成个案而非寻找共性，我们就会在冲突的旋涡中越陷越深。反过来，如果我们愿意更包容和开放地对待每一种存在，不再试图理解每一个灵魂，我们就会发现难相处的人越来越少，自己也越来越能化解冲突。

三招搞定难相处的人

明白了化解冲突的关键在于我们如何看待这种关系，而不在于如何扭转对方的"不可理喻"，我们会更有信心去应对这些冲突。毕竟，我们总有机会解决关于自己的难题，因为控制权在我们自己手里。没鞋不要紧，因为没鞋的人知道应该去买鞋，怕的是鞋在自己手里，却满屋子找鞋，还又累又气。所以，找准冲突的关键所在，就像低头看到了自己手里的鞋，已经从"搞不定"向"搞得定"迈进了一大步，剩下的就是如何把鞋穿上的问题了。

不用把难相处的人想得太复杂，我们不妨先做好下面三件事再看。

用开放的心态做排除法

排除法好比出门之前照镜子，看自己是否少穿了一件衣服。开放的心态则是更诚实地面对镜子里的自己，而非只看见美化后的自己。是的，遇见难相处的人，我们经常会无意识开启自我美化滤镜，认为问题出在对方身上，自己没有问题。

和对方陷入看似无解的冲突时，请深呼吸，想象自己在一面大镜子面前，先排除这两种情况：

● 我没有随意贴标签

人是一种依赖感觉且联想能力超强的生物，经常会莫名地喜欢或讨厌某个人，还会给并不了解的人贴某些标签：全职妈妈生活里只有孩子，她肯定不幸福，所以向我发难；35 岁还没有升任总监，他的职场生涯已经提前终结了，他一定是因为自己没能力，才迁怒别人；等等。当我们为某些人贴上一些不友善的标签时，往往是因为我们自己太片面，或者是心情太糟糕。我们贴在别人身上的所有标签，都显示了我们自己的狭隘。

● 我不是那个难相处的人

"难相处"是一种主观感受，有可能我们自己才是难相处的人也说不定。经常问问自己："我在事件中的要求和行为，是否有调整的空间？"这让我们有更多的机会进行自我反思。自我美化是一种本能，如果我们不进行反思，就会真的认为自己白璧无瑕。但事实真的如此吗？我想你心中自有答案。

你可能会说："我为什么要从自己身上找原因？有问题的

人又不是我！"我们要警醒：有问题的人往往就是我们自己，只是我们没意识到而已。所以，首先使用排除法是十分有必要的。当自我美化滤镜被卸下，"原来我才是那个小丑"的感觉真的很不好。

尊重对方的同时保护自己

在给予对方足够尊重的同时，要保护好自己，这看起来是两码事，但其实是一件事情：因为尊重了对方，所以保护了自己。

尊重对方是指，我们的思维方式和言谈举止都表明，我们虽然不认同对方，但愿意尽量理解对方的想法和行为。真正的尊重不是说说而已，而是要由内而外传达出一种态度。除了语言，还包括眼神、微表情、语音语调、肢体动作等。

保护自己是指，我们在物理或心理上与对方进行隔离，为自己创造一个安全区，不让对方过多地影响自己，伤害到自己。对方处于一个巨大的旋涡之中无法脱身，我们首先不要跟对方一同卷入。在物理上进行隔离比较简单，就是尽量不与对方来往，砍断交集。如果只是为了保护自己，我们完全可以远离这个人。但物理隔离并不是在所有情况下都适用，因为我们总会遇见各种冲突，如果一味地远离，就丧失了人的社会属性，我们会寸步难行。

这时候，我们要学会心理隔离：明白对方身处旋涡之中，不会跟他一同被卷进去。心理隔离最好的办法就是尊重对方，相信对方有应对旋涡的方法：如果一个人对下属总是很强硬，那么他是在用强硬应对丧失话语权的恐惧，我尊重他的方式；如果一个人总是传递负面情绪，那么他是在用负面情绪应对生活带给他的苦涩，我尊重他的方式；如果一个人总是不肯承担任何责任，那么他是在用逃避应对责任带给他的压力，我尊重他的方式。

尊重可以让我们自然而然地与对方隔离开来，明白双方各有自己的方式，从而建立心理上的安全区，且不需要切断所有的关系。

积极地提问和聆听

面对难相处的人，我们的第一反应往往是指责和评价。经验告诉我们，这种指责和评价很容易让冲突升级。这样一来，我们非但解决不了问题，还会给自己挖一个更大的坑。当我们做到开放和尊重对方时，自然就说不出指责和评价的话了。这个时候，我们该做什么呢？

面对僵持不下的情况，我们可以选择积极地提问和认真地聆听。而且，我发现，这个办法"老少皆宜"。

举个例子。我带女儿下楼玩的时候，经常遇见一个四岁多的小男孩。他总是做一些吓唬人的动作，甚至朝小朋友扔小石子之类的东西。带他的阿姨除了大声制止他，也不知道该怎么办。

第一次看到他拿东西打我女儿的时候，我在心里就给他贴了个"熊孩子"的标签。我瞪了他一眼，刚好被他看到，结果他双手叉着腰，走到我面前来瞪我。我本着"不跟小孩子一般见识"的原则，没有理他。

第二次，他又朝我女儿扔小石子，我女儿也开始朝他扔小石子。我赶紧把女儿叫了过来。小男孩怒气冲冲地跟了过来。我对女儿说："不可以朝小朋友扔东西。"他就在旁边瞪着我们。女儿指着他说："是他先扔的。"我没有多想，只是为了哄女儿，说道："他可能是想跟你玩吧。"他仍然在旁边愤怒地看着我们。我觉得气氛有些尴尬：教育他吧，毕竟我不是他的家长，不管他吧，他又这么不礼貌地看着我们。于是我问他："你叫什么名字？"谁曾想，他的表情一下子就变了，忙说："我叫麦克斯。"看来，他并非有什么恶意，我又问："你几岁了？"他马上回答说："我四岁多了。"我接着问："你上幼儿园了吗？"他告诉我他的幼儿园在一座山上，还告诉了我幼儿园的名字。最后，我指着女儿问他："你是想跟她玩吗？"他不好意思地点头。女儿见我跟他聊起来，很快就不讨厌他了，还伸出手拍拍他衣服上那只会发声的小熊，两个人很快变成了朋友。

后来，我反思了整个过程。我先是撕掉了贴给小男孩的"熊孩子"的标签，然后尊重他应对"想跟别人玩但不知道如何表达"的方式，接着用提问的方式让他自动卸下了"难相处"的面具，最后从他的转变中知道了他的真实想法。于是，他从"熊孩子"变回了可爱的麦克斯。

我逐渐发现，很多人那个"难相处"的面具，在他们感觉自己"被听到和看见"之后，就会慢慢被卸下。每个人都有自己的核心价值诉求，不论他们用什么样方式来表达自己的诉求，只要他们感觉自己的心声被听到之后，他们就会缓和下来。

总之，对待难相处的人，只需要三个步骤：搞定自己，搞定距离，搞定对方。搞定自己，需要我们用开放、包容的心态审视自己的思维定式，不给别人乱贴标签，确保自己不成为那个难相处的人；搞定距离，需要我们以尊重对方为前提，以建立自己的心理安全区为结果，由内而外地进行隔离；搞定对方，需要我们通过提问和聆听的方式来探寻并确认对方的核心价值诉求。如果我们在第三步遇到了困难，不妨重新进行一下前两步，说不定会有不一样的发现。正确运用这三个步骤，你会发现难相处的人也会变得不再难相处。

系统思维：打开上帝视角

系统是一个复杂且神奇的存在，它包含若干个体和若干关系。系统内的个体各不相同，个体之间的关系也不是线性的，它们相互作用，相互影响，可能会被抵消，也可能会被放大，每一个系统的输出和结果都有极强的不可预见性。系统和系统之间也会相互影响，甚至大系统会嵌套小系统。

发生冲突时，我们每个人看似强大，实则只是系统中的"一叶小舟"，被各种力量牵扯着。反过来，我们每个人看似渺小，实则能制造"牵一发而动全身"的蝴蝶效应。在冲突中，我们看似在跟某个人对话，实则面对的是他身后的若干系统；我们自己看似是一个个体，身后却有若干个系统在影响着我们。

如果我们面对冲突时缺少系统思维，我们就会把焦点都放在人的身上，而忘了每个人都存在于若干复杂的系统里。读懂个体在系统中的强大和渺小后，我们会更理解系统思维。

被遗忘的系统

系统是一张无形的大网，每个结点都代表一个个体或个体组成的集群，每条线则代表它们之间的关系。系统无时无刻不在运转，就像人体一样，即便我们处于睡眠状态，人体这个系统也不会停止运转。

系统的运转往往是看不见、摸不着的。比如，公司是最常见的系统，虽然我们可以用组织架构图来表示一家公司的内部构成，但却无法用组织架构图来讲清楚这个系统是怎样运转的。要想更好理解这个系统，我们还需要了解这家公司的企业文化、决策流程、执行方式、员工关系、领导风格等，而这些大都隐藏在众多关系中，不容易被看到。

世界经济论坛 2020 年出具的《全球风险报告》（*The Global Risks Report*）里，就有一张将系统思维可视化的图（见图 3.2）。

从这张图中我们可以清晰地看到，没有哪个个体的风险是单独存在的，错综复杂的关系的形成了系统。

同样的，我们每个人都经历过无数个看不见、摸不着的系统的洗礼。但是，我们经常忽略系统因素，一是因为一直以来人际关系强调的是人和人之间的关系，二是因为大部分系统和它们赋予我们的东西都是隐性的，并不像上图一样明显。

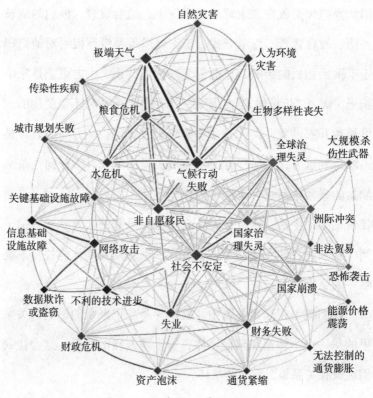

图 3.2　全球风险系统图 2020

　　我们往往对彼此太"狠"，却忘记了我们都活在系统里。

小到一个家庭，大到一个社会，都在大大小小的各种系统中运

行着。当我们思考"这个人为什么这样"时，看看他背后的系统，

自然就知道答案了。

　　一对老是吵架的夫妻，难道是因为属相和星座不合吗？我

们如果把焦点放在二人背后的系统上，就会发现，他们的成长经历、教育背景、思维方式、工作环境等系统性因素对他们产生了截然相反的影响，让他们无法达成共识。一方可能是家中长子，认为"长兄如父"，而另一方可能是家中最不受关注的、早早离开家的女儿，认为"小家先于大家"；一方受的教育是追求诗和远方，而另一方由于家庭关爱的缺失，十分向往柴米油盐的平常生活；一方把事业当作生活，而另一方认为搞事业仅仅是为了生活。这也是为什么一些父母辈的夫妻吵了一辈子架，唯独能在儿女问题上达成共识：因为儿女是他们各自系统唯一的交集。

我们越是在亲密关系中，就越容易忘记系统的影响，关系里的每一个个体都和其他个体有着千丝万缕的联系。这会让我们迷失在关系里，看不清整体。

系统思维带给我们更开阔的视角

系统思维不专注于某一个个体，而是专注于整体以及个体间的关系，它能带给我们更开阔的视角。这种视角有助于我们在冲突中看清全局，更有同理心，更能做出有效决策。

我遇到这样一些客户，他们不知道如何处理与家人的冲突。似乎无论他们做什么选择，父母都有不满意的地方，但父母给的建议，他们又不喜欢，所以和父母的关系一直很紧张。有一位早已为人父母的客户曾对我说："做了父母之后，我更能感觉到我父母对我的那种没说出口的深深的失望。"

做了父母之后，不是更能理解自己父母"希望儿女幸福快乐"的期盼吗？每对父母的表达方式不同，但这并不影响他们希望儿女幸福快乐的本意。为什么已经为人父母的人，依然不明白自己父母的本意呢？

这是视角问题。正是因为过于亲密，我们在面对亲子关系的冲突时，更容易陷在一对一的关系桎梏中，察觉不到系统的存在。这时候，我们是平视或仰视的，而我们的思维方式是线性的（见图 3.3）。

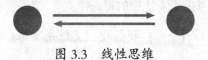

图 3.3　线性思维

家人对我提出要求时，我要么接受要么反对，这就是线性思维。这种思维让我们背负了巨大的精神压力，也是为什么早已为人父母的人还会认为"如果我没达到父母的希望，就会引起父母深深的失望"。

如果具备了系统思维，我们就会把和父母的关系看成系统的一部分。然后用图 3.4 所示的系统思维去重新思考，我们就会有更开阔的视角。

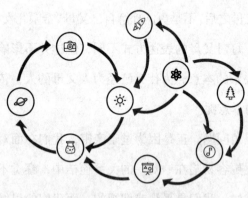

图 3.4　系统思维

这时候，我们是俯视的，就像第一章所说的上帝视角一样，只不过更多地考虑了系统中的每一个人。

我们可以看清全局：我是我，父母是父母，我们的关系和众多关系一样，与很多因素有着千丝万缕的联系。我听从或违背父母的某些要求，也不过是众多关系线中的一条关系线罢了，系统并不会因此而崩塌。

我们更容易有同理心：父母有自己的系统，他们的思想也是自己系统影响下的产物；我除了受他们影响，也受另外一些系统影响。他们并非对我失望，只是在他们的系统规则和系统认知里，我的选择会让我承担很多"不好"的结果罢了。

我们更能做出有效决策：通过观察系统，了解父母在其系统影响下发生了什么，我们更能理解他们在被什么驱动，也更清楚如何有效地影响父母，而不是一味陷在一对一的关系中消耗能量。

如何锻炼自己的系统思维

想要掌握这种思维方式，具备系统思维，有以下几个要诀。

一要适当地退后。只有离得足够远，我们才能看见整个系统的全景图。要适时地放下放大镜，拿起望远镜。

二要经常怀疑自己。只有经常对自己的认知提出疑问，才能看得更全面。

前两个要诀听起来很有道理，但却很难做到。这时候，我们就要学会第三个要诀：把系统视觉化。把看不见、摸不着的系统视觉化，可以倒逼我们做到前两个要诀。更重要的是，它能促使我们将系统化繁为简，找出关键点，直击要害。

系统视觉化并不难，一共分为三步。

首先，我们要找出系统中的各种变量。这时候，我们不用考虑各变量之间的关系，列出这些变量即可。把每个变量写在一张便签纸上，方便移动。请注意，这些变量是不带正负动作的变量。比如，"团队满意度"是一个变量，"提升或者降低团队满意度"则不是变量；"父母对男朋友的认可度"是一个变量，"提升或降低父母对男朋友的认可度"则不是变量；"资源的合理分配"是一个变量，"促进或者破坏资源的合理分配"则不是变量。

其次，我们要试着将有关联的变量用箭头连起来，并标注正负动作。如图3.5所示，资源合理分配会提高团队满意度，提高团队满意度可以减少员工非正常流失，而减少员工的非正常流失可以节约成本，节约成本又可以促进资源合理分配。这就形成了一个因果循环，改变中间任何一个变量，都能让这个

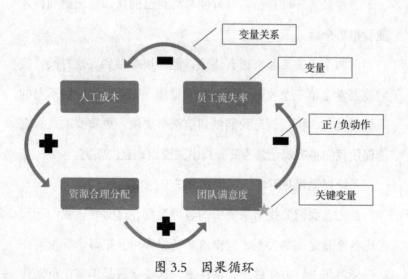

图 3.5　因果循环

循环中的其他变量得到改变。不是所有的变量都会形成因果循环，但是，那些可以形成因果循环的变量一定是我们需要注意的。

最后，我们要找出关键环节和关键变量。关键环节是影响极大的变量关系或者关系集群，关键变量是极为重要且可以立即针对其开展行动的个体变量。我们要在系统中梳理出关键环节，并从关键环节中寻找自己可以影响的关键变量，然后通过变量关系来影响整个系统。如果关键环节中没有我们可以即刻针对其开展行动的变量，我们也可以从最有把握对其施加影响的变量开始，而不至于束手无策。

系统看起来很复杂，但并非高不可攀。只要我们有意识地培养自己的系统思维，面对冲突时，尝试在个人的视角和上帝视角之间来回切换几次，我们就会发现，自己曾经难以应付的冲突点，其实再正常或再合理不过了。如果只着眼于人和冲突，我们就会忘了我们都在系统里，将很多存在无理化，丧失处理冲突的基本前提。只有看到系统，我们才能更开放和包容地面对冲突。让我们对彼此好一点儿，发生冲突时运用一下系统思维吧！

第四章

**读懂陌生人的怒点，
远离社交雷区**

冲动的陌生人是怎样炼成的

我们经常看到这一类新闻：路人甲和路人乙起了冲突，小吵酿成大祸，轻则伤筋动骨，重则毁容丧命。我们总觉得这种故事离自己很远，但陌生关系冲突其实离我们比想象中更近。我们也是别人生命里的路人甲和路人乙，说不定哪天也会因与陌生人产生冲突而上社会新闻。

路人，就是我们现在不认识，未来大概率也不会有交集的人，是我们认定了不会再见的陌生人。乍看起来，他们是和我们交集最少的一个群体，但他们的影响往往是很大的。他们可能是在危难之时救我们于水火的那些人，也可能是猝不及防把我们置于悬崖峭壁的那些人。

我曾看到一条社会新闻：一名女顾客跟服务员发生冲突，被服务员泼了一盆开水，导致大面积烫伤。

在此之前，我从未如此清晰地意识到：陌生人之间的冲突会有这么严重的后果。印象中，陌生人之间即便起争执，也不过是一些鸡毛蒜皮的小事，能有多严重？可是，越来越多的陌生人冲突事件证明：冲突带来的伤害跟冲突双方是否熟识毫无关系；陌生人之间的冲突，往往会走向失控。

陌生人之间没什么深仇大恨，短短几分钟的接触，何至于引发如此强烈的愤怒呢？我反复思考后发现，陌生关系冲突跟其他冲突有两个重要区别：一是陌生人之间本就缺乏信任基础；二是我们常常认为，即使不了解陌生人，我们也可以对他们评头论足。

缺乏信任：陌生关系冲突风险的"放大镜"

如果仔细观察不同的人是如何跟陌生人打交道的，我们就会发现一件有趣的事情。人在面对陌生人时，往往会出现两个极端：一个极端是彬彬有礼甚至小心翼翼，生怕说错说；另一个极端是毫无顾忌，甚至完全不讲文明礼貌。既然面对的是以后再也不会有来往的人，他们就会丢掉社交面具，露出真实的面目。

出现极端行为是因为我们的某些感观被放大了。在上述两种极端行为中，被放大的是我们的人性和动物性，它们是被不信任感放大的。试想，如果双方并不完全陌生，有一定的信任基础，那么冲突可能根本不会发生，至少不会升级；如果是完全陌生的关系，信任的缺失会导致我们用最极端的情况去预设对方的反应。

人性之所以会被放大，是因为我们要权衡利弊、规避风险。"小心翼翼"不是因为在乎别人的感受，而是因为不信任对方。这看起来像是自信不足或者谦卑，其实是一种自我保护。

动物性之所以会被放大，主要是因为双方没有信任基础，未来大概率不会有交集，有时还处于"零和博弈"中。在这种情况下，人们会不自觉地遵守"丛林法则"——弱肉强食，优胜劣汰。谁都不想输掉这场"生存之战"。

很多时候，人们还会在两种极端行为之间切换，前一秒还互不侵犯、相敬如宾，后一秒就杀气腾腾、丝毫不让。对待路人，我们可能没有耐心和信心把人性进行到底，更多的可能是顺从动物性，追求"胜者为王"。

从客观上说，我们无法也不可能马上了解对方；从主观上说，我们认为没必要了解每一个陌生人。因为建立信任是一件耗时费力的事，成本高得足以让我们退避三舍。

即便是一个容易轻信别人的人，小时候也一定听妈妈唱过那首《小兔子乖乖》："不开，不开，我不开，妈妈没回来，谁来也不开！"

由于大家从小被教育要警惕陌生人，又判断彼此在未来不会再见，被放大的人性可以在瞬间切换成被放大的动物性，让我们从彬彬有礼变得咄咄逼人。

自大心态：不愿去了解对方

加拿大畅销书作者马尔科姆·格拉德威尔在《陌生人效应》一书中写道："我们需要接受这样一个事实，即了解陌生人是有限度的。我们永远不会知道全部真相，我们必须满足于了解部分真相。谨慎、谦逊地与陌生人交谈才是正确的方式。"

"谨慎"和"谦逊"说起来容易，做起来难。人就是这样一种容易被主观认知占领头脑高地的生物。不了解某种事物的时候，我们会当它不存在；而了解一些皮毛后，我们又变得一叶障目。这就像马尔科姆在书中提到的一个重要误区：当我们和另一个人面对面时，经常过于相信自己的主观判断。

没学过电路知识的人不会贸然去做电工，没读过医学专业的人不敢给人做手术，因为"没有金刚钻就不揽瓷器活"。可是，当你环顾四周匆匆而过的路人时，你是否想过，是什么让我们盲目相信自己凭主观判断就能找到与他们的相处之道？

陌生人首先是人，其次是路人，最后才是某一类人。但自大心态让我们一再忽略这一点，认为不了解陌生人也无所谓，凭自己的经验，把他们当作某一类特定人群来处理就好。这导致我们一直用自己有限的人生经验去判断素未谋面的人，用对待某一类人的方式"轻蔑"地对待一个人，仅仅因为他是一个路人。

这里的"轻蔑"并不是指没礼貌，而是指我们不准备充分地理解路人，而是"轻蔑"地把他们当成某一类人。我们甚至忘了一个最基本的事实，对方和我们一样，首先是一个鲜活的人。换句话说，路人远比我们想的复杂，他们跟我们一样，都是复杂多面的人。

地铁站里那些撞了人之后连"对不起"都来不及说的人，他们的存在就是为了撞人吗？我们了解他们脚步匆匆的原因吗？我们凭什么认为他就是那种没素质的人？

餐厅里态度不太好的服务员，他们的存在只是为了惹我们生气吗？我们了解他们正在遭遇什么令人愤懑的事情吗？我们凭什么认为自己应该跟他们发生冲突，并且能够全身而退呢？

反思我们的自大心态，并不是为了给侵犯我们的路人找借口和理由，只是为了提醒自己：千万不要因"不了解"而把一切想成理所当然。我们不能因为不了解路人，就认为路人的故事不重要。反之，我们应该对自己"不了解"的路人心生敬畏和好奇，多几分同情、理解和宽容。

认识到以上这些后，你会发现，陌生人之间的关系绝非表面看起来那么平淡如水。缺乏信任和了解的人之间必定是暗潮汹涌的。缺乏信任时，人就像丛林里的动物，感观会无意间被放大，偏偏这时，我们又把路人当成了不需要被了解的无关人士。这种心态很可能会把我们与路人之间的冲突升级到无法控制的地步。所以，我们应该对路人抱有这样一种心态：虽然不了解，但愿意尝试去了解；虽然不够信任，但可以避免不信任感放大自己的"动物性"。

你需要了解心理扳机点

当我抛开自大心态，真正去了解陌生人时，我发现每个人都有不同的世界观和价值观，陌生人在很多方面通常跟我们有着天壤之别。你也许会说："我哪有时间和精力去了解陌生人？他们跟我如此不同，我怎么可能了解他们呢？"

其实，这里所说的"了解"，并不是指对朋友或者伴侣的那种全方位的了解，而是明白每个人都是复杂的且我们的经验不足以做出正确的判断。我们应该时刻意识到：每一个人都有自己的心理扳机点。这个心理扳机点会影响冲突的走向，我们需要正确认识它。

人人都有的心理扳机点

扳机是射击时让子弹射出枪膛的零件，而扣动扳机是最后发生的、关键的一个射击动作。心理学借用"扳机"一词来表达一些事情和情绪会触及人的某些创伤，进而带来强烈的心理反应。这些创伤就被称作"心理扳机点"。

陌生关系中的冲突像极了扣动扳机的瞬间，它从无到有，从苗头到爆发，往往只需要短短几秒钟。心理扳机点这一心理学概念充分体现了陌生人之间冲突的不可控。

人类特别喜欢找规律。很多人都喜欢玩"对对碰"和"连连看"这样的游戏，可见，寻找相同的事物，然后把它们放置在一起的过程，会给我们带来莫名的治愈感。我们的心理世界也是如此。我们会不自觉地把其中具有相似心理感受的事件放在一起，就像玩"连连看"。越来越多的事件带着同样的心理感受集结在一起时，就会变成一个强大的"部落"。每当再有相似事件出现时，这个强大的"部落"就会释放出长久以来蓄积的心理感受和能量，形成一个心理扳机点。

我们都有自己的心理扳机点，和别人相比，会对一些事物更敏感，产生很大的情绪波动且很难平复。它有一个我们更熟悉的名字——情结。大多数情结会塑造我们的偏好或区别于其他人的特点，不会对我们造成太大的危害。比如，有的人有"长发情结"或"身高情结"。

另外一些情结则会让我们陷入难以自控的情绪波动。比如，"沉默情结"，如果吵架时对方保持沉默，我们就很难控制自己的怒火；"不公正情结"，遇到不公正待遇时，我们的反应会特别激烈；"被期待情结"，特别害怕被人赋予很高的期待；

"面子情结"，把面子看得高于一切；等等。

　　一旦触动心理扳机点，情绪的子弹就会瞬间射出，完全无法控制。扪心自问，我们尚且看不清自己的心理扳机点，又怎么可能在短短几分钟内看清陌生人的心理扳机点呢？

心理扳机点不会因为我们的意志而凭空消失

　　"心理扳机点"之所以在陌生关系冲突中十分重要，是因为它客观存在于每个人身上，却无法被预判。

　　某所大学里曾发生过这样一件令人遗憾的事。很多学生发现自己的外卖经常被偷，其中几人不堪其扰，就在外卖领取点蹲守，试图抓住偷外卖的人。结果他们当天就逮到了那个偷外卖的学生，还录下了视频作为证据。他们希望那名偷外卖的同学站出来认错，甚至去宿舍找他对峙。事情的发展让人始料未及，那名同学离开宿舍后，从高楼上一跃而下，结束了自己年轻的生命。

　　那些想要捍卫自己利益的同学，肯定也没有想到，那名同学会因为想不开而跳楼。

　　面对死者，我很惋惜；面对那些试图捍卫自己正当利益的学生，我也能理解他们的行为。我无意在这里评判是非。我只是想通过这件事情提醒大家：千万别小看心理扳机点，它有时候关乎性命。

很多时候，心理扳机点一旦被触发，后果就是我们不愿承受或承受不起的。

上文提到的服务员和选择结束自己生命的大学生，他们的心理扳机点不为人知，甚至他们自己也没有觉察。不管心理扳机点触发的行为是否符合公序良俗、道德和法律，它都是客观存在的，事实就是如此。一个人在过去生命中经历的一切，成就了他如今的样子。作为旁人，我们除了尊重，别无他法。

所以，我们在面对一个陌生人时应该牢记：每个人都有自己的心理扳机点，它是客观存在的，不以任何人的意志为转移。我们能够做到的，只有尊重。

掌控自己的心理扳机点

陌生人之间发生摩擦时，因为双方都无法向对方明示，自己的心理扳机点已经处于被触碰的边缘，所以双方极有可能进一步做出冲动的行为。因此，尊重别人的心理扳机点，掌控自己的心理扳机点，才是我们对待它的正确方式。

如果你还没有意识到自己的心理扳机点是什么，那么你可以留意一下以下情况：

- 你产生极大的情绪波动时，往往是因为什么？

- 这些原因的共性是什么？

- 你有没有这样一句口头禅"我最讨厌别人……"？

- 是什么让你开始攻击别人？是言语冲突还是肢体接触？

- 你在遇见什么事情时，会联想到一段不好的经历吗？

- 有什么事情让你拒绝改变或者想逃避，甚至一想到它就全身抗拒？

- 你最爱评判的是什么？有什么事情会让你忍不住想要马上评价对错？

你可以多想想这些问题，留意自己会被触动情绪的原因。过去经历的累积会产生一些情结，甚至形成你的心理扳机点。对自己的心理扳机点的觉察，会让我们更加了解冲突的缘由。

在我们理解了"现在的情绪是所有过往的累积和叠加"后，我们就能超脱于眼前的事件，用更平和的心态来面对冲突。也就是站在旁观者的视角审视各方，而不是站在当事人的立场试图摆平这件事。我们一定要清醒地意识到：导致冲突的绝不是一件简单的事，而是两个复杂的人。

由于不信任和不了解，人们的心理扳机点极易在陌生关系中被触发，进而擦枪走火。正因为如此，我们更需要防患于未然，意识到对方是有心理扳机点的同时，清楚自己的心理扳机点是什么。当我们足够尊重和了解对方时，就能最大限度地避免触发对方的心理扳机点，进而避免那些我们承担不起的后果。

拒绝"苹果和橙子"式的争吵

想必大家都有和网友吵架的经历。自网络普及以来，很多人就把旺盛的精力发泄在了和素未谋面的人吵架这件事情上。即便像我这样的"冲突厌人"，也曾在微信群里跟别人吵架，吵完后气不过想要退群或者气得对方退群。

这里说的吵架不包括那些炒作的网络事件和法律严令禁止的网络暴力，只是普通网友之间的争论和斗嘴。这是一种很特殊的陌生关系冲突。不同于线下的陌生关系，线上的陌生关系更随意，更缺乏信任，社交成本更低，承担责任更少，更难产生或表达同理心，并且其所带来的社交满足感更容易流失。

这种冲突对人际关系的改进意义不大，对维护自我认知和自我价值却意义重大。这也是为什么很多人气不过就要退群，这种行为实际上是在维护其自我认知和自我价值。

人们在线上和陌生人吵架，多半是因为无法接受彼此的看法和态度，一定要争个高下，而非现实利益方面有冲突。这其实就是前面说的"维护内心世界的秩序"。

115

但讽刺的是，即便吵赢了，我们的自我认知的合理性和自我价值的满足感也不会因此得到提升。即便有，那也只是片刻的虚假感受。在网上吵架这件事中，没有赢家。

苹果和橙子吵，本就是一个笑话

英文里有一个短语很有趣，那就是"a comparison of apples and oranges"（直译为"苹果和橙子做比较"），意指把两个完全不同的东西放在一起，无法进行比较。

既然把苹果和橙子放在一起比较毫无意义，那么苹果和橙子吵起架来，岂不更滑稽？素不相识的两个陌生人，因为对某件事的观点不一致而在网上吵起来，跟苹果和橙子为"谁长得更合理"而吵架是同样的道理。

"苹果和橙子"式的吵架，一般有如下几个特点：

双方都以为自己在捍卫真理，殊不知那只是自己以为的真理。

双方以为他们在讨论同一件事，其实他们是站在不同的角度自说自话。

不管一方说了什么，另一方总能找到新的角度进行反驳，争吵永无止境。

不论是在网上还是在现实世界中，我们都要避免卷入"苹果和橙子"式的争吵。

网络上的交谈，往往被过滤掉很多东西，要么基于错误的事实，要么经过了主观加工。我经常在网上遇到一些倾诉自己不幸的人，每当我打算安慰对方的时候，却发现对方的处境没他说的那么糟糕。因为他只提供了他生活里的片段，使得我无法对他的生活有一个全面的了解。

即便能够得到更全面的信息，我和对方也根本不在一个维度上。大多数时候，在网上吵架的双方根本没想解决问题，甚至根本没什么问题需要被解决，只是彼此"看不惯"。为了"看不惯"而发生的争吵，只会引发更多的"看不惯"。

让辩驳适得其反的"逆火效应"

所谓"逆火效应"，就是当你试图纠正别人的一个错误时，如果相关信息和他原本的看法相悖，那么你非但不可能改变对方，反而会加深他对原有看法的执着。"逆火效应"的理论源于 2006 年美国密西根大学的布伦丹·奈恩和乔治亚州立大学的杰森·雷夫勒进行的一项实验。在实验中，他们给坚信某一政治立场的受试者展示了一些证据，这些证据都是真实的数据，足以证明受试者的立场是错误的。这些受试者非但没有改变自己的观点，原来的立场更加坚定了。

"逆火效应"可以解释，为什么人们在网上试图向大众证明自己的观点时，会越描越黑，越是努力证明自己，别人越是不信。最有名的案例就是，奥巴马在竞选美国总统期间，出生地和美国公民身份遭到了质疑。他把出生证明公之于众后，那些原本不相信他的人更加不相信他了。他们找出各种证据来说明奥巴马出生证明是假的，甚至在奥巴马就任美国总统后，网上依旧有很多质疑的声音。

磁共振成像研究表明，我们的观点和看法被人质疑时，我们负责推理和逻辑的大脑区域会暂时处于半瘫痪状态，负责攻击和战斗的大脑区域会迅速活跃起来。这时候，我们并不在乎真相，因为"推理和逻辑脑"已经下线。在"攻击和战斗脑"的主导下，我们只在乎赢得这场战争。

所以，当我们因观点冲突在网上与人吵架时，不辩驳还好，越辩驳越会激起对方的战斗欲。

一不小心就成为彼此的镜像

2021年5月，加拿大温哥华的法院大楼内，一名50多岁的女子持刀冲进等待开庭的房间，对另一名女子连捅数刀，场面十分惊悚。一位年过半百的女性，在法院做出如此疯狂的举动，到底是因为什么深仇大恨呢？

据了解，两个人在现实生活中并不认识，只是 15 年前在移民论坛上彼此看不顺眼，进而开启了一场旷日持久的网络骂战。这 15 年间，二人从网上对骂升级到互相诋毁，最终因此闹上了法庭，这也是二人当日同时出现在法院的原因。法院的最终判决是，两个人都有过错，都要给予对方赔偿，但 50 多岁的这名女人需赔偿的比对方多 500 加元。这一判决没能让她们警醒，反而成了冲突升级的导火索。

她们怎么也没想到，自己 15 年来一直痛恨的人，恰恰是自己的镜像。她们丝毫没有意识到，她们活成了自己最讨厌的样子。

这个案例对我们来说是一个重要的提醒：不论我们是粗俗不堪、风度全失，还是骂人不带脏字；不论我们是被众人力挺，还是被众人围攻，在网上跟陌生人吵架这件事很容易把我们变成对方的模样。

我们用来抨击对方的话，往往也可以用来形容我们自己。我们指责对方自以为是，无法接受多样化的观点，我们自己又何尝不是？我们自以为赢得漂亮，却不知输得可笑。

如何成为网上吵架的胜者

网络流行语"认真你就输了"常常用来劝人们把心态放平

和，没必要和陌生人为了没有价值的事情争长论短。但我觉得这句话应该改成："一想到输赢，你就已经输了。"在网络世界里，就算吵赢了，你又能赢得什么呢？根本没什么实实在在的利益。所以，与其做网络骂战的赢者，不如一开始就远离网络骂战。

对此，我给大家几个建议。

第一，不要做跟苹果论长短的橙子。要做一个果农，以欣赏的眼光看待所有的水果，期盼它们都有自己的成长空间。

第二，不要急着证明自己或者反驳别人。试着倾听对方的进一步解释，你会发现，你自己的逻辑也未必那么正确。

第三，要经常"照镜子"。经常审视一下自己，千万别活成自己讨厌的样子。

如果能做到这三条，我们就可以逃离无意义的争论，做一个超脱的旁观者。

我们要把时间用于处理那些对现实人际关系有推动作用的冲突，做更有意义的事情，而不是在虚拟世界里争长论短，以获得虚幻的满足感。

关闭"战斗脑"，打开"逻辑脑"

前面说到，人们在面对外界质疑时，会自动将"逻辑脑"切换为"战斗脑"。

陌生关系冲突最容易受这一生理现象影响，从而迅速升级。

我们和陌生人没有情感联结，不像面对其他关系时可以参考已有的交往经验。这也是"路怒族"很多的主要原因。

"路怒族"平时可能和善有礼，一开车就脾气暴躁。生活中还有很多"瞅你咋的族"，看谁都有敌意，别人看他一眼都会引起战争。还有那些"键盘族"，在现实生活中温文尔雅，到了网上就战斗欲爆表。他们的共同特点是用"战斗脑"来处理问题。在"战斗脑"全开的情况下，人们只在乎赢得战斗，挣得面子。但是，面子是给别人看的，里子才是自己用的。

强者喜欢示弱，弱者喜欢逞强

一个人越是缺少什么，就越想证明什么。

在从事 HR 工作的 10 年里，我发现一个有意思的现象：在

121

简历上越是强调自己沟通能力强的应聘者，在实际面试中所展现的沟通能力反而越弱；越是强调自己抗压能力强的应聘者，在面对压力时的表现越不尽人意。这一部分是因为面试者"期待越高，落差越大"，但还有一个重要原因是，应聘者为了掩饰自己的弱项而适得其反、欲盖弥彰。

这种"此地无银三百两"的做法，我们每个人都无法免俗，因为我们越是缺少什么，就越在意什么。

真正的强者习惯于低调、示弱，看似张扬炫耀的人多半外强中干，说的就是这个道理。

真正拥有的人从来不需要证明，需要证明的人从来未曾真正拥有。

示弱不是软弱，而是一种智慧

如果只靠直觉和生理反应来应对生活中的问题，人类可能至今仍停留在石器时代。

逞强是本能，示弱才是本事。

婴儿是不介意示弱的。当我们长大成人，具备自我意识后，就开始努力维护自己的尊严和面子，渐渐遗忘了示弱。只有少数人，能重新获得示弱的智慧。

多数人认为示弱是一件没有面子和丧失尊严的事情，所以害怕展示自己的弱点。他们在意的不是自己真正的实力，而是自己在别人眼中的形象。但真正的示弱并不关乎"面子"，而是给自己的"里子"一个喘息和休养的机会。真正在乎"里子"的人，是有智慧并且懂得照顾自己的人。停下来看看自己的"里子"，比一味追逐"面子"强很多。

示弱和软弱有着本质上的不同：

示弱者不在意别人眼中的自己是什么样子，软弱者仰人鼻息而行事；

示弱者自有成熟的想法，软弱者毫无主见；

示弱者不会觉得自己很差劲，软弱者没有一刻不在懊恼自己的无能；

示弱者只是谦卑地放低身段，软弱者则是卑微地俯首称臣；

示弱者不畏惧承担责任，软弱者从不敢承担责任；

示弱者对别人没有要求，软弱者时刻都在要求别人；

示弱带来的好处需要时间来证明，软弱带来的好处是即时满足。

学会示弱，并不是一件简单的事。在长期关系中，我们尚有示弱的动力，因为时间会证明一切。在陌生关系中，我们就找不到示弱的动力了，因为在短暂的照面中，快速赢得面子似乎更重要。但说到底，展示外在的强大只能获得短暂的优越感，而自己是否真正强大，才是最重要的。

不反应，只行动

在陌生关系冲突里，怎样才能具备示弱的智慧呢？那就是六个字：不反应，只行动。"反应"是指我们根据对方的行为做出回应，"行动"是指我们根据自己的判断采取行为。前者关乎"面子"，开启的是"战斗脑"；后者关乎"里子"，开启的是"逻辑脑"。

假设我开车在路上，后边的司机不停地朝我按喇叭，我感觉受到了严重的挑衅，故而朝对方伸出中指，以示回应，这叫作反应；如果我根据自己对路况的判断，认为此时确实应该慢速行驶，故而忽略他的挑衅，这叫作行动。

两者有着本质的不同。只有不反应而只行动的人，才能做自己情绪的主人，否则会永远活在外界的牵绊里。

行动是以"我想……"为出发点的，关乎我面对这个世界如何做出决定；反应是以"他凭什么想……"为出发点的，关乎让别人如何看待我的决定。当我们用行动代替反应的时候，自然就知道何时需要示弱，何时应该示强。真正的强者，骨子里都是行动者，而非反应者。

陌生关系赋予我们的行动权比其他任何人际关系都要大。在某些关系中，我们会有很多顾虑。比如，如果我们在职场关系中不反应只行动，就可能丢掉工作；如果我们在亲子关系中不反应只行动，就会变成专制的父母，丢掉孩子的信任；如果我们在情侣关系中不反应只行动，我们和伴侣就会变成陌路人，丢掉对彼此的依赖。在这些人际关系中，想要拥有完全的行动权是很难的。唯独在陌生关系中，我们牵绊最少，顾虑最少，拥有最大的行动权。如果此时我们不充分行使自己的行动权，岂不是有些可惜？

面对陌生关系冲突时，我们应该抛开"面子"，基于理性做出自己的判断，该示弱就示弱，该示强就示强。即使在其他关系中，我们也应该把示弱看成一种更高级的智慧。人生是自己的修行，无须证明给其他人看。

当你想靠一场战斗去证明自己有多厉害时，请停下来问问自己：

我是在反应还是在行动？

——如果是在反应，请告诉自己，此时的自己不是真正的自己。

我是为了"面子"吗？

——如果是，请你告诉自己，面子只是给别人看的。

我的"里子"还好吗？

——如果不好，请你照顾好自己。

我想证明的东西存在吗？

——如果不存在，则所有的证明都是徒劳的。

不证明又能怎样？

——不会怎么样。

总之，我们要花时间修炼不完美的自己，而不是浪费时间期待完美的别人。

以直报怨 vs 以怨报怨

在陌生关系中，如果冲突的激烈程度已经超出合理范围，对方已经做出了伤害我们的事情，我们该怎么办？关于这个问题，中国古代哲学家老子和孔子都有自己的看法。老子说："以德报怨。"孔子说："以直报怨，以德报德。"

"以德报怨"出自老子《道德经》第六十三章，意思是用善心和恩慈来应对仇恨和伤害。别人伤害了我，我非但不记仇，还要报以最大的善意。

"以直报怨，以德报德"出自《论语·宪问》，原文是："或曰：'以德报怨，如何？'子曰：'何以报德？以直报怨，以德报德。'"意思是：如果用善行回报恶行，那么用什么回报善行呢？应该用公正无私的正直之道回报恶行，用善行回报善行。

老子和孔子对这个问题的看法有差异：老子向往的是一种修行，是出世的态度；孔子讲述的是规矩，提倡赏罚分明的规则，是治世的方法。但是，他们都不赞成"以怨报怨"，反对用仇恨和伤害来回报仇恨和伤害。

"以直报怨"是最简单有效的方法

与"以德报怨"和"以怨报怨"相比，"以直报怨"是应对陌生关系冲突最简单有效的方法。"以直报怨"中的"直"，是指社会规范和法规。与其绞尽脑汁去应对陌生人的刁难，不如把有限的精力和时间，留给更值得我们重视的人际关系。

"直"意味着规则和分寸。比起"以直报怨"，"以德报怨"丧失了分寸感，"以怨报怨"则忽略了规则的约束。成年人的交往，总是要有规则和分寸的。

如果陌生人伤害了我们，我们也报以伤害，就会冤冤相报，没完没了。相反，如果我们对恶意报以善意和宽容，就会变成纵容。面对别人的恶意，我们应该先表明自己的原则，同他保持一定距离，如果有必要，将他交给法律和公正处理。

如果在餐厅里遇见态度不好的服务员，我们是把他拍下来传到网上，还是忍气吞声，或者表达不满后，换一家餐厅或要求换一个服务员？

如果在网上遇见诋毁和辱骂自己的人，我们是与其争吵不仅而后血刃相见，还是隐忍不发？或者保持适度距离，以免受其影响？

抓到偷东西的人之后，我们是对此进行道德审判，将其置于"社死"的境地而后快，还是纵容他继续偷盗，或者交给警察处理？

在前文提到的所有不幸的故事中，如果当事人能够"以直报怨"，至少可以更好地保护自己，避免造成无法承受的结果。

"以直报怨"意难平，"以怨报怨"怨难平

"以直报怨"不是让你直接反击对方，而是让你学会利用规则，有理有利有节地维护自己的权益。但是，有些人认为遇到冲突不骂回去、打回去就是忍气吞声，不如"不服就干"来得痛快。

"以直报怨"看起来有点"尿"：自己的利益受到侵害，却不出头、不反击，这如何能追回损失呢？交给法律处理，往往不会很快有结果，实在是意难平。在这种情况下，我们确实没有更好的选择。"以直报怨"意难平，"以怨报怨"怨难平。在"意难平"和"怨难平"之间，还是前者更好处理，因为前者是我们可以控制的。

"意难平"的主要原因，还是"战斗脑"占据上风的结果。我有几个小窍门，可以尽快缓和"意难平"。

第一，与其直面冲突，不如转移重点。

很多人向我咨询过一个问题：在面试中遇到刁钻的问题时

该如何回答。我告诉他们，很重要的一种办法就是，把面试官的问题转化成对我们更有意义的话题。面对陌生人的刁难，道理是一样的。与其跟对方相互消耗，不如把焦点转移到对方真正在意且对我们更有利的方向。这是一种更高级的防御机制。

如果对方刁难你，指责你侵犯了他的利益，你可以转而询问他的期待是什么；如果对方跟你理论，你可以说出另外一种他关心的事实，询问他对此有什么看法。对方的指责就像导弹，我们与其迎着导弹向前冲，不如给它一个外力，让它偏离航道、沉入海底。

第二，用幽默消解"战斗欲"。

幽默可以缓解各种紧张和压力。遇事先幽默一下，让自己放松下来。当我们不再紧绷时，我们的状态自然会感染到别人，从而消解怨恨。最重要的是，幽默可以很好地缓解"意难平"。

第三，想想这个问题"想要问心无愧，我们该怎么做"。

当我们"意难平"时，可以用"问心无愧"四个字来缓解负面能量。"以怨报怨"不可能让我们"问心无愧"，还会让负能量成指数级增长，而且一旦陷入冤冤相报的恶性循环，就很难有超脱的勇气。

这个问题看似简单，却提供了让我们跟自己对话的机会，能为我们指引方向。

"以直报怨"是一种真正的强悍。这种强悍，不是在气势上一争高下，而是问心无愧、不为外物所扰。

做到"直"并不容易，需要我们了解自己，理解对方，接受社会规范的约束。最重要的是，我们时刻不能放松对自己的掌控，要做自己情绪的主人。

第五章

真正的职场狠角色，
从不滥用锋芒

处理职场矛盾的两大基本能力

假设我们大学毕业后步入职场并一直工作到退休（工作年限粗略按 35 年计），工作日每天工作 8 小时。在不考虑节假日和加班的情况下，我们的工作时间是：35 年 ×52 周 ×5 天 ×8 小时 =72800 小时 ≈ 3033 天。如果按照平均寿命 70 岁计算，普通人一生中有一半以上的时间都花在工作上。你能想象自己在 3000 多天的时间里，不眠不休地在职场里拼搏吗？

比起其他冲突，职场关系冲突有几个突出的特质：一是系统性更强，使得冲突更不可控；二是层级更明显，使得冲突有更多限制条件；三是职业发展具有阶段性，我们没有太多时间摸索。所以在职场关系里，我们必须从自身能力着手。我认为，以下两大必备职场能力，是我们构建职场良性冲突的第一步。

能力一：把"零和心态"转化成"增量思维"

抱有"零和心态"的人把升职加薪、出人头地、领导赏识、预算分配、政策倾斜、客户订单和团队支持等，都看作争夺存量资源的"零和博弈"。一块蛋糕，分给别人的多了，留给自己的就少了。我不得不承认，这在某些职场环境中是不争的事实。

但是，请回想一下前面提到的"认知三角形"。比起事实，我们对事实的想法和心态才是左右我们行动的更重要的因素。抱着"零和心态"的人也许会赢得某一场竞争，但会输掉长期的职业发展。

基于"零和心态"，我们一旦与人发生冲突，最大目标就是打败对方，赢得更多存量资源。但推动关系良性发展显然比赢得某场竞争更重要，所以，我们应该着眼于寻找业绩增量，而非一味消耗存量。

客户小 C 就曾有"零和心态"带来的苦恼。她参加工作已有 5 年，上司一开始很器重她，会把一些重要的工作任务和表现机会交给她，她也变得越来越出色。但自从她得到董事长的赞赏后，她的直接上司开始不再器重她。很多重要的项目，上司都会亲自跟进，几乎剥夺了她的存在感。

她问我："当老板开始觉得我是她的威胁了，是不是就到了我该离开的时候？"她还说："很多朋友都跟我说，这不是我的错，错的是我的上司。"这让她心态愈发失衡，觉得自己受到了不公平对待。我给她的建议是，与其用"零和心态"看问题，不如想想自己还能创造什么额外价值。

她从没想过"零和心态"和"增量思维"的区别，于是我给她进行了解释：

如果上司觉得你是一个威胁，那么说明她自己的职业发展遇到了瓶颈。当她的业绩无法取得突破时，她自然不希望身边出现一个潜在竞争者。"零和心态"就是用跟上司一样的思维来看问题，在有限的业绩空间内求生存，这是十分困难的；"增量思维"则是以更超脱的心态来看问题，思考自己还可以创造什么价值。

三个月后，小 C 在另一块数据业务上找到了自己的业绩增量。她开心地告诉我，新业务需要用到上司不熟悉的数据建模分析。虽然她自己也不是很熟练，但她主动提出向其他部门学习建模，并且与现有业务进行了结合，这给上司的工作汇报增添了亮色。上司意识到小 C 的价值后，对她的态度友善了很多。

业绩增量消除了上司对职业竞争的恐惧，也给了小 C 更多的发展机会。她们之间的关系已经从零和变成了共赢。

在职场中，当我们陷入"一块蛋糕不够分"的窘境时，千万别把力气浪费在抢蛋糕上，而是要努力具备做大蛋糕的能力。职场冲突不是你死我活的饥饿游戏，而是创造价值的新契机。

能力二：学会抓重点

职场生涯长达几十年，每个阶段都是一趟有去无回的快速列车，一旦错过了某个阶段，再想上车就很难，这就是职业发展阶段的时效性。所以，职场冲突是有保质期的，它往往需要我们在短时间内做出一个尽可能正确的决定。尽管谁都不能保证自己的决定百分之百正确，但只要我们懂得了"抓重点"，就能抓住处理职场冲突的最佳时机。。

前文提到的工具——"冲突画布"和"系统思维视觉化"——可以从不同角度帮助我们纵览全局。"冲突画布"关注的是冲突中的关键变量，"系统思维"关注的是变量之间的关系。接下来，我们需要从中判断什么是我们可以发力的重点。

说起来容易做起来难。正是因为不懂得区分事情的重要性，我们才会在面对职场冲突时"眉毛胡子一把抓"，最后无法有效处理冲突，让对方失去耐心，进一步激化矛盾。这时候，我们可以用三个问题来帮助自己（见图5.1）：

- 我为什么而工作？
- 我应该怎么做？
- 我做的是什么工作？

这三个问题来自西蒙·斯涅克的"黄金圈法则"。他认为，大多数人都只停留在知道自己"做的是什么工作"的阶段，一小部分知道"应该怎么做"的人可以获得领先地位，只有少数能懂得"为什么而工作"的人才能成功。大部分人把重点搞错了，只是被"做什么"牵着鼻子走，而没有思考"为什么"。

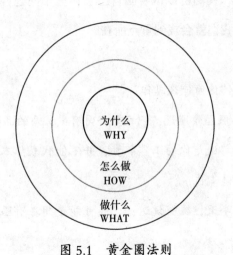

图 5.1　黄金圈法则

举个例子。客户小G在一家跨国集团的中国分公司负责媒体公关工作。有一次，她遇到一个无法解决的矛盾。中国的媒体很重视发稿效率，要求一篇稿子从发给小G到审核发稿，最好不超过一天。但美国总部那边每次都要审核稿件，由于时差和翻译等原因，至少要三天时间。时间上的矛盾，让她每每碰到这类事件，都不知道该怎么办。她甚至想过这样解决这一矛盾：硬着头皮先发稿，真出了事情，自己只好兜着。"反正出事的概率很小！"她每次都这样想，但是每次都惶惶不安。

这一矛盾的重点是什么？和媒体沟通，和总部沟通，还是干脆自己扛着？谁应该做出改变？

这时候，我们可以试着问自己上述三个问题，想清楚了这三个问题，我们就会找到重点所在。

我问："你为什么工作？"

小 G 不假思索地说："希望公司有更优质的品牌形象。"

我说："这是你的工作职责，并不能代表你本人的想法，你自己为什么工作？"

她想了半天，缓缓说道："我可能是想在有限的生命里发挥更大的影响力。"

我继续问道："你应该怎么做，才能让自己发挥更大的影响力？"

她说："我需要更加主动地去沟通各方，让他们调整原有的工作流程和预期。"

最后我问她："那你会为此做些什么呢？"

她说："我会先规划一个适合双方工作习惯的流程，然后促使双方达成一个新的共识。如果不可行，我会邀请更多的利益相关方，如中国区的负责人来一同协调这件事。"

小 G 为什么一开始没想到这样的方案？因为她没有抓住重点。真正的重点并不是她的工作职责对她的要求，而是她为什么在这家公司的这个岗位做着这样一份工作。

在职场冲突中，我们之所以什么都想做但什么都做不好，往往是因为我们没抓住重点。此时，你不妨问问自己上面三个问题，向良性冲突迈进一步。

工作是人生中很重要的部分，它是频繁发生冲突的地方，也是最能产生良性冲突效益的地方。职场冲突不可避免，也无须回避，它是人们有效的成长方式和机会。

一张图理清所有职场冲突

职场冲突包含多种类型，产生冲突的原因不尽相同，应对的方式也不一而足。为了更迅速地抓住重点，我们可以对常见的职场冲突进行分类。

四种类型的职场冲突

根据职场冲突产生的不同原因，我们可以将其分成以下四种类型。

合作型冲突

这是最常见的一种职场冲突，主要发生在一方需要与另一方合作的时候。比如，合同是否如期签订，需要法务、财务、行政等其他相关方的配合；数据分析能否顺利完成，需要销售人员和财务人员先输入数据；新员工是否能按时入职，需要人力部门推进；等等。

合作型冲突的发生，通常是因为一方无法按照另一方的期望按时完成有效输入或有效输出，从而影响到了后者的工作进展。这时候，冲突尚未扩大为人与人的矛盾。

面对此类冲突，我们可以努力确保合作顺利进行，提升自己的委派能力，习得困难对话的技巧和明确后果的技巧。

工作方式冲突

工作方式的差异也是引发冲突的一个重要原因。不同的行为偏好使得人们完成工作的方式、方法不尽相同，这很可能会造成误会，让对方感到不适应或不舒服。比如，一个雷厉风行的人和一个谨小慎微的人，很可能互相看不惯。工作方式有差异不可怕，可怕的是，人们会误认为对方对自己有意见，甚至把对方视为无法合作的讨厌鬼。

通过充分了解不同的工作方式，我们可以有效地应对此类冲突。

如果能有效地识别对方的工作方式并熟知其特点，我们就能很好地减少和应对此类冲突。

领导风格冲突

最让职场人感到崩溃的可能是领导风格冲突。很多人跳槽或辞职的主要原因是无法接受上司的领导风格。良好的领导风格，可以让职场氛围变得轻松和愉悦，反之则很压抑。我听到最多的职场困扰就是对领导的抱怨，如领导不敢承担责任、喜欢"微管理"、工作安排不合理等。

作为下属，我们无权选择领导，但可以转变自己的心态，即从被管理到主动适应，从主动适应到积极学习。

首先要转变观念，其次要根据具体情况进行差异化应对，最后要变冲突为成长机会。

此外，我们升任领导后，要对自己的领导力有更高维度的观察，在职场冲突中成为积极促成问题解决的一方。

偏见冲突

在任何情境中，偏见都是冲突产生的重要原因之一。这种冲突的特点是，我们会为自己编织一个合理的故事，却给别人套上一个带有偏见的故事，然后对其加以批判。

同一件事发生在自己身上和别人身上时，我们会做出不同的解读。当同事送给上司一张生日贺卡时，我们会认为他在拍马屁；当我们送给老板一张生日贺卡时，我们认为自己是在表达诚挚的祝愿。当同事第二次迟到时，我们会认为他不是一个可靠的人；当我们第二次迟到，我们认为情有可原，因为最近项目任务太重了，我们缺乏休息。

在处理偏见冲突时，我们需要不断接近客观事实，破除并调整自己大脑中那个带有偏见的故事，除非有足够的证据支撑。

养成冲突分类处理的习惯，用这一张图就够了

我们经常在职场中遇到以下几个情景，看你能否分辨出它们属于哪种类型的冲突：

情景一

小F在一个项目中负责撰写项目说明书，其中很多条款对他来说非常具有挑战性。他对此十分重视，加班几个晚上，完成了一稿。他对自己的成果颇为满意。但是，在他用邮件把文件发给团队其他人后没多久，团队成员小Y跑过来对他说："你的第5条关于项目预算的计算有问题，公式有错误。"小F顿觉一股怒火涌上心头，心想："他才看了短短几分钟，凭什么对我的工作成果指手画脚。真是受不了他，没办法跟他合作。"于是，两人之间就埋下了矛盾的种子。

情景二

小S近期接到一个任务，负责筹备即将召开的供应商大会。这项任务需要协调供应商管理部、行政部、法务部以及各个供应商等多个相关方。除了自己的部门领导，她还需要时不时地向分管这次大会的副总汇报工作进度。这时候，各个部门的配

合度和支持度出现了明显差异。有的部门十分配合工作，积极
为她提供参会人员、会议议程、会议文件等信息。有的部门即
使再三催促，也无法按时完成任务。眼看会期临近，领导不断
催促，她只好每天催促那些不积极配合工作的部门。她为此感
到了很大的压力，感觉自己和同事的关系变得紧张了。

情景三

小 W 的部门领导最近派给她一项全新的任务，令她十分苦
恼。她无法按照领导的要求完成任务，自信心受到了前所未有
的打击。她认为：领导不尊重她的个人意愿，强行安排超出她
能力范围的工作；领导还打击她的自尊心，在会议上点名指出
她工作上的问题；领导不重视她和她的工作；领导不够喜欢她。
总之，她认为，与这样的领导共事，即使辞职，也毫不可惜。

情景四

小 H 刚刚完成内部转岗，更换了工作内容，也换了一位新
领导。他的预期是，领导能在转岗初期给予他一些培训和帮助，
让他顺利适应新岗位。但是，领导并没有做这样的安排，而是
直接开始给他安排任务，这让他有很大的心理压力和不适感。
他原来的领导事无巨细，甚至会跟每个部门成员定期梳理工作

内容。小 H 不适应现在的领导方式。想来想去，他认为应该跟新领导好好谈一谈，但又不想让新领导认为自己工作能力不行，所以很纠结。

如果你对如何分类没有头绪，也不必担心。学会使用职场冲突类型漏斗图（见图 5.2）后，你会豁然开朗。

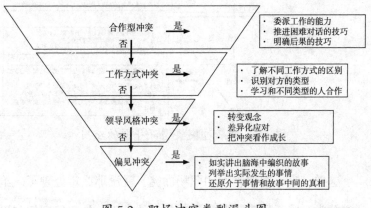

图 5.2　职场冲突类型漏斗图

这个漏斗图的使用方法很简单。你可以把某种情景放在漏斗的最上方，如果它能在第一层得到处理，则无须再前往下一层；如果在第一层无法得到处理，就要前往下一层来处理。越是靠近上一层能解决的冲突，越是关乎"事情"的，也更容易处理；越是靠近下一层能解决的冲突，越是关乎"关系"的，

147

也更难处理。

我们把上述四种情景放入漏斗图中，就会得到这样一张图
（见图 5.3）：

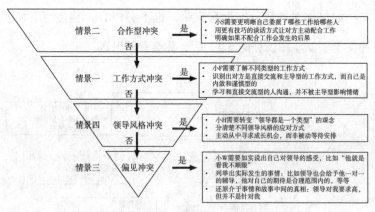

图 5.3　职场冲突类型漏斗图的应用

这样一来，貌似复杂的职场冲突，就没那么难处理了。给
冲突分类只是手段而不是目的。分类的过程也是我们理解和思
考的过程。

99% 的职场冲突都可以避免

　　不得不承认，即使我们把职场冲突分析得再透彻，如果最后说出口的话不合适，结果也不会符合我们的预期。在工作中，我们时刻面临着被提问、被要求、被质疑。如何回应别人的问题，同时表明自己的立场和需求，对处理职场冲突至关重要。很多时候，一句话可以化解一场不必要的冲突，一句话也可以让其他努力统统白费。在很大程度上，是职场话术而非勤勉和专业决定了我们最终能走多远。这看似不公平，却又相当公平。

　　话术固然重要，但如果没有用在合适的时机，就是无效的，甚至会起反作用，让对方觉得我们不够真诚。而找到合适时机的前提，就是听懂对方的话。这需要一种更重要的能力——聆听。

高级的聆听

　　聆听是一种看似简单却需要极高修为的能力。初级的聆听是听明白对方的字面意思，是以自我为中心的信息收集；中级的聆听是听明白对方的言外之意，是以沟通为主的信息交换；
高级的聆听是听明白对方没充分表达出来的意思，是以建立联
结为目标的共创。

如何成为一个好的聆听者？有人说需要同理心，需要学会
换位思考；也有人建议，每次听完对方的发言后，要先总结他
的意思并给予正面评价，然后再阐述自己的观点；还有人建议，
要少说话，不要打断对方，眼神要表示出真诚。

不可否认，这些做法都有助于我们更好地倾听，但还不足
以使我们成为高级的聆听者。高级的聆听在于心态———一种主
动共创的心态。为此，我们需要抛弃以下三种思维定式：

- 听是为了更好地保护自己和反驳对方。
- 听是为了尽快做出决定，做出"是"或"否"的选择。
- 听是为了解决我和对方之间存在的问题。

我们在聆听时，需要认真思考以下问题：

- 说话人看到了什么？
- 说话人说了什么？
- 说话人在想什么？

● 说话人想和我一起做什么？

● 我该如何和说话人更好地连接？

如果我们在脑海里不断重复这些问题，对说话人抱有极强的好奇心，我们自然会变"以自我为中心"或"以沟通为目的"的聆听为"以共创为方向"的聆听。对方可以因此感觉到自己的心声被听见了，从而对我们产生信任。这种信任会在职场冲突中起到正向的推进作用。

很多人都认为，一个人的心声没有被听见是因为他没有话语权，而有话语权的人总是有机会表达自己的意图。这些人因此进入了一个误区，即认为上级不需要被听见，需要被听见的人是下属，因为下属没有话语权。其实，所有人都需要被听见，也都需要去聆听，不论话语权大小。

假设某天早上，离上班时间还有 10 分钟，你正坐在工位上浏览新闻，还戴着耳机听着歌。这时，你的领导急匆匆进来，径直走到你面前说："你昨天发给我的 PPT 不行，很多地方需要修改，你赶紧拿着笔记本电脑过来一下！"

如果你是初级聆听者，那么你的理解是："现在就要开始工作了。"你的想法可能是："一大早就要开始忙了？还没到上班时间呢。"你的行动可能是：慢悠悠地摘下耳机，拿出笔记本电脑，走到领导的工位旁，听他讲解需要如何修改。

如果你是中级聆听者，那么你的理解是："看来领导对我的工作不满意。"你的想法可能是："我该怎么改进，才能让他满意。"你的行动可能是：赶紧摘下耳机，拿出笔记本电脑，过去问领导哪里需要改进。

如果你是高级聆听者，那么你的理解是："领导很着急，并且要亲自指导我修改 PPT。看来这件事对他很重要，我需要协助他更好地完成这项任务。"你的想法可能是："如何尽最大可能做好我应该做的部分，协助他完成目标。"你的行动可能是：赶紧摘下耳机，拿出笔记本电脑，走过去说"领导，您这么着急，是有什么问题吗？您看我需要如何修改，我会尽快改好"。

上述三种理解都能让你完成这项工作，但你和领导之间的信任感会大不相同。在第一种情境中，脾气急躁的领导甚至会质问你："我跟你说话呢，你没听到吗？"在第二种情境中，你们建立了基于工作的信任。在第三种情境中，你们之间建立了基于人的信任。表面上看，这是职场话术导致的不同，但本质上还是态度问题。

如何学会高级的聆听

回到"说起来容易做起来难"的老问题。如何把道理内化为自己的能力呢？有的人会问："我反应能力没那么强，也无法迅速学会高级聆听，该怎么办呢？"

其实，这种能力是可以练的。在练习之前，我们需要搞清楚有哪些障碍。通常而言，没有做到聆听的表现有：

- 无目的地打断说话者
- 没有保持持续的目光接触
- 边听边做其他事情
- 突然改变谈话主题
- 不给说话者以有效的回应
- 对方说完马上就做出判断，并且急着发表自己的观点
- 表面很投入，但心思在别处
- 嘴上不说，却在心中批判对方的观点

看看自己是否存在以上情况，然后问问自己："没有做到聆听的时候，我在想些什么？"比如：

- 我无目的地打断别人，是不是急于证明自己是对的？
- 我跟对方没有保持目光接触，是不是在想其他事？
- 别人说话时我却在倒水，是不是显得我不够重视这次

谈话？

● 对方话音未落，我就抢着发表观点，是不是我在担心别人以为我没主见？

● 我嘴上不说却在心中批判对方的观点，是不是我不够客观和尊重事实？

只要没有想说话者所想，我们就很难做到高级的聆听。从"想自己所想"到"想对方所想"的转变，是走向高级聆听的关键。我们可以分三步来完成这个转变。

第一步，对说话的人保持最大的好奇心。

好奇心是天生的，但要时刻保持好奇，却不容易。前文提到，自大心态会让"不了解"变得理所当然。也就是说，把一切视为理所当然的态度，让我们丧失了好奇心。如果我们能找回好奇的天性，就能"少说、多问、多回应"。

第二步，用同理心地图把聆听变成你的身体记忆。

好奇心只是基础，况且泛滥的好奇心会破坏职场边界。所以，我们不妨用同理心地图（见图5.4）来形成和巩固聆听这一身体记忆。

同理心地图一直被产品设计师用来分析产品和用户，它有助于设计师了解用户的真实需求和痛点。高级聆听同样要求我们把说话者当作用户，想其所想、看其所看。

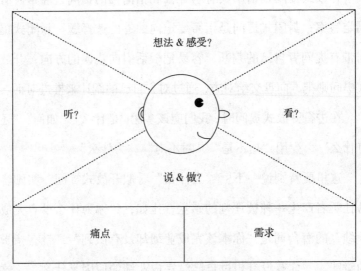

图 5.4　同理心地图

开始练习时，你可以找一张纸，用简笔画把说话人画在中间，然后把说话人听到的、看到的、说的与做的、想法与感受、痛点、需求分别列在旁边的区域里。练习多次以后，你自然就会养成这种思维习惯，与人面谈时也能迅速抓住重点。

第三步，学会用开放式提问来完善同理心地图。

在职场冲突中，对方未必愿意把自己的想法全盘托出。这时候，我们可以通过开放式提问为说话者提供更大的表达空间，让说话者感到自己被关注。这有助于我们获得对处理冲突有用的信息。

开放式提问是指不具有引导性和指向性的提问，通常没有固定答案；封闭式提问是指需要定向回答的选择题。封闭式提问带有提问者自己的判断，容易把谈话引向错误的方向；开放式提问则把方向盘交给对方，通过对方自己的阐述来推进对话。

在进行开放式提问时，我们应该多用"是什么""如何""还有什么"，少用"是不是""对不对""为什么"。

这里要特别说一下，"为什么"看似开放式提问，实则容易让听者产生一种被评判的感觉。比如，"你为什么没有完成业绩"的潜台词是"你本该完成业绩却没有做到"，带有指责的意味。"你有没有想过自己没完成业绩的原因是什么"，这样提问更容易让对方敞开心扉。

沟通是为了解决矛盾，而不是激发矛盾。要想说话得体，第一步就是学会聆听。因为懂聆听的人比会说话的人更能收获他人的长期信任，而信任是职场冲突良性发展的最有力推手。当你参照同理心地图，用开放式提问开启积极聆听的大门时，你会发现自己的职业生涯会有更好的发展。

反馈机制：靠谱比犀利更重要

职场是有规则和机制的。很多时候，冲突的主因是机制不完善，而非个人因素。之所以会发生前文所述的四种职场冲突，很大程度上是因为组织内缺乏合理有效的反馈机制。仅凭个体的自我觉察来应对各种各样的反馈，不仅效率低，而且不可控。如前文所述，破坏性批评和建设性负面反馈在职场中频繁出现。所以，如何在冲突发生之前建立一个有效的反馈机制，把冲突转化为效能，是我们需要学习的重要技能。

反馈不是为了展示自己的优越感

我们对反馈的认识存在一种偏差，即认为给予反馈的一方（发表意见）比接受反馈的一方（接收意见）有优越感。让我们先来看看下面两种常见的错误。

第一种，把"恕我直言"挂在嘴上。

"恕我直言，你现在的能力还配不上这个项目，你应该先踏踏实实把手头的工作做好，积累一段时间后再来争取。"

157

　　这段话的潜台词是："我是实话实说，你可不许生气，要坦然接受！"这类人看似实事求是，实则意见不一定客观。此举引发冲突后，他们通常会认为对方听不进他们的意见。

　　第二种，经常变成"透明人"。

　　这类人总担心自己说错话、得罪人，引起不必要的麻烦；或者认为自己的意见不重要，不想浪费别人时间；或者认为自己的想法很一般，羞于出口。由于他们不敢给别人明确的反馈，把自己变成了"透明人"，结果别人对他们的成见越积越深，最后爆发冲突。

　　我们一起来看一个案例。小 T 和小 S 是同一个项目组的同事，两个人属于不同的部门。项目组每周开一次会，交流项目进度，并安排下一周的工作。小 T 就犯了第一种错误，总是在表明自己观点时加一句"恕我直言"；小 S 则犯了第二种错误，总是认为如果没有新看法，最好保持沉默。

　　我对他们二人分别进行了访谈。小T说："我确实认为自己的观点是正确的，所以会不自觉地使用这句口头禅。"小S说："如果发表的观点没有价值，我宁愿不说。"

　　本质上，两个人都认为反馈是展示自己的机会，发表意见的人更有优越感。

　　可是，反馈的本质并不是自我展示，而是描述自己观察到的客观事实。这种描述应该是诚实的和对事不对人的，目的是换取对方的"看见"，进而提升沟通的价值。反馈双方都能得到自己想要的结果——某种改变或者进步的可能性，这就是价值所在。

即使小T和小S很好地表达了自己的看法，也不一定对项目有多大贡献。但是，有效的反馈能增大双方做出某种改变的可能性，无效的反馈则可能损伤人际关系和团队战斗力。

我们如何才能把"展示自己"的执念踢开呢？只要做到以下四点就可以了：

● 明白为对方利益以及双方共同利益着想的反馈才是有效的反馈，否则一切都是徒劳，甚至是倒行逆施。

● 承认自己作为利益相关方，在反馈的时候是存在偏见的。那些想当然的"我以为"和"我觉得"脱口而出的时候，你要知道，它们并不是客观的描述。

● 懂得反馈需要有节制。为了反馈的有效性和沟通的价值最大化，我们需要控制自己的反馈，而不是让它肆意脱口而出。

● 给予对方足够的信任，相信对方能从客观描述中获得洞见并且找到更好的应对方式。

使用模型和工具"强迫"各方有效反馈

职场虽然复杂，但也是一个最容易实践工具化和模型化的地方。我们自己当然可以践行前文所述建设性反馈的四个步骤，但在职场中，要求别人也这样做是很难的。这时候，工具和模型就是我们最好的帮手了。模型可以帮助我们快速建立信任，推行更有效的反馈方式。在会议或者日常沟通的一开始，我们可以和所有参与方约定，使用同一种或几种沟通模型或者反馈工具。

接下来，我介绍职场中接受度最高的两种反馈模型：SBI反馈模型和PPCO反馈模型。

SBI 反馈模型

SBI反馈模型是指有效的反馈需要包含Situation（情景界定）、Behavior（行为描述）、Impact（行为影响），即有效的反馈需要描述时间、地点、对方的所说与所做，以及其行为产生的影响。SBI模型适合一对一的对话场景，比如绩效考核谈话、日常工作反馈或者工作总结。

比如，小T的领导想对小T在项目会议上的表现进行反馈，他把小T叫来办公室，说："你平时说话要注意分寸，别太武断，发表观点时不要咄咄逼人。"

听了这样的反馈后，小 T 会很困惑："领导是觉得我哪句话没说好吗？我怎么没感觉到呢？是不是我哪里冒犯了他？"

领导如果运用 SBI 模型进行反馈，就可以这样说："小 T，我注意到在前两次项目会议中（情景界定），你表现得十分积极，你似乎对自己的观点非常自信。你说'说实话，只有 A 公司才有实力做 IT 顾问'（行为），透过这样的表达方式，我看到了你的工作热情，也看到了你对 A 公司的信心。但同时也觉得你表现得稍显武断，让其他人没了表达意见的空间（行为影响）。我希望你下次注意表达方式。"

上述反馈包含了四个部分：第一部分明确了情景，让小 T 知道领导是特指他在项目会议上的表现；第二部分真实再现了小 T 的行为，让小 T 以旁观者的角度来看自己的表现；第三部分指出了小 T 的行为给别人造成的影响；第四部分是领导提出要求和期待，让小 T 知道应该如何改进自己的说话方式。

SBI 模型告诉我们，一对一的反馈要明确具体的情境，而不能泛泛地打击对方；要客观描述具体的行为，而不是一概而论；要如实讲出该行为的影响和自己的感受，而不是遮遮掩掩。

PPCO 反馈模型

PPCO 反馈模型的第一个 P 代表 Plus：在刚才的发言中，

有什么想法和方面是特别好的？（这一点很好！）

第二个 P 代表 Potential：有什么是值得肯定，但有更大潜力的方面？（这一点不错，但还可以更好！）

第三个 C 代表 Concern：有什么地方会引起我的顾虑？（关于这一点，我有些担心。）

第四个 O 代表 Overcome：针对这个顾虑，可能的解决方案是什么？（我们可以这样做。）

这样具有明确步骤和指向性的反馈模式，可以很好地提高讨论的效率，让反馈者有贡献感，并且让反馈的过程更加对事不对人。

SBI 模型更适合一对一的反馈，而且不要求反馈者能即刻给出自己的建议。相比之下，PPCO 模型则更适合多人会议时的交互反馈，反馈者往往需要当场给出自己的建议。PPCO 模型有助于激发创造性思维，推动意见交互。会议组织者可以在讨论前规定，大家必须依照 PPCO 模型进行发言，或者给每个人发放一份基于 PPCO 模型的模板用于记录。

不爱在项目会议上发言的小S，可以根据PPCO模型发表意见："我认为小T提出的'IT咨询公司要先确立选择标准'的意见是正确的（这一点很好）。他确认的标准是具有系统性的，但我们不仅要考虑系统性，还要考虑可行性（这一点不错，但还可以更好）。我比较担心的是，我们目前对于行业其他标准的信息收集不够（关于这一点，我有些担心）。所以，我们可以先接触一些咨询公司，看他们能否提供通用的行业标准；或者我们自己通过调研整理出一些行业标准（我们可以这样做）。"

小S这样反馈就显得有理有据有节，不是单纯的附和或反对，同时能推动项目的进一步发展。这样的职场反馈机制自然是非常高效的。

总之，我们不能保证所有人都是志同道合的，却可以通过建立比较完善的职场反馈机制，确保大家的沟通是高效的。我呼吁大家，在自己的单位中成为反馈机制的积极支持者。只有职场氛围变得更轻松了，我们处理人际冲突时才会更轻松。

第六章

**真正好的伴侣，
懂得怎样好好闹情绪**

你也可以边吵架边解决问题

和伴侣吵架这件事，我们都不陌生。伴侣有时候吵的是情绪，像是文艺片；有时候吵的是道理，像是励志片；有时候吵得言不由衷，像是爱情片；有时候两个人根本不知道为什么而吵，却每次都能绕回那个怎么也解决不了的问题，像是惊悚片。

吵架虽然很常见，但亲密关系中的吵架可能会从根本上动摇两个人的关系。吵赢的人不会觉得开心，吵输的人非常不甘心。双方动不动就上升到人身攻击，以致两败俱伤。最可怕的是，这种争吵往往没完没了，最终可能导致感情破裂。

想用吵架解决问题，情况却越来越糟

吵架是某些问题引发的冲突，我们本该致力于解决问题，但情绪会让问题变得更无头绪。你可能也有过这种经历：本来是因为对方做了一件令你不快的事而吵架，最后却变成了你抱怨对方不够爱你。在情绪产生波动时，我们确实无法好好解决问题。

有一年的重阳节，我和我先生想趁着好天气带孩子去户外活动。他在网上查了攻略，建议我们先登山，然后步行下山，去沙滩玩沙子。我考虑到时间问题和两个孩子的体力，建议不要两项一起进行，可以直接去玩沙子。

我先生有一个"绝招"，即当我有不同意见时，他便采取"重复战术"，一直重复到我说"也行吧"为止。他反复说"重阳节当然要登山，而且路程并不远，一个多小时而已，孩子的体力够用，也有足够的时间玩沙子"这些理由，我最终同意了他的安排。

我本以为那次活动的主要目的是去沙滩，登山只是如他所说的"一个多小时就搞定"的"开胃小菜"。可事实上，我们从早上 9 点开始登山，一直到下午 2 点多才从山上下来。由于他说登山一小时就能结束，我不合时宜地穿着衬衫和牛仔裤，手拎两个沙滩桶和铲子，丝毫不像爬山的样子。我沿途看见别人都是全套登山装备时，仍然没有意识到问题的严重性：至于穿戴这么专业的装备吗？

最初一个小时，确实如他预期的那样，我们很轻松就爬到了高处，山下的美景一览无余。在山顶逗留了好久，我们才往山下走，沿途的风景让我们感到很愉悦。临近中午11点的时候，我发现下山的路其实在延绵不绝的小山峰间，开始绷不住了；中午12点，我听到路人说"以这个速度，下午两点可以到达沙滩"的时候，心态彻底崩了！身旁是两个累得哇哇叫的小孩子，眼前是曲曲折折的山路，手里还拎着两个沙滩桶，我开始变得暴躁起来，不停地埋怨我先生一意孤行。

至此，吵架的序幕正式拉开。

我迅速列举了他此次不听取我意见的诸多事实，并且翻开了他此前多次忽略我意见的旧账。我不断地向他控诉："整个山上只有我一个人穿牛仔裤和衬衫，我们全家都穿着普通的运动鞋，我还傻乎乎地拎着沙滩桶。"孩子和他都因为山路太滑而摔了跤，我差点忍不住责备他，更别说关心他的伤情了。我就是要他感受到空气里弥漫着我的无声谴责。

一开始，他自觉理亏，默默地听我发泄了半天。后来，他终于忍不住了，生气地辩解道："我也是被网上的攻略忽悠了。"我一听更生气了，质问他："那你当初为什么不听我的意见呢？"我俩你一句，我一句，就这么在路上吵开了。

吵架进行到这里，我们已经忘了为什么要吵架。我只是很气愤，觉得自己又一次让他的"绝招"得逞了；他只觉得自己很委屈，觉得自己的出发点是好的，也是希望全家人能有一个愉快的假日。

这其实是很多情侣或者夫妻之间吵架的通病：吵架本来是为了解决问题，结果吵着吵着，问题已经不重要了，双方只是在互相发泄情绪。我们陷入了自己的情绪里，脱离了解决问题的轨道。

但如果我们能跳出情绪的泥潭，聚焦于真正要解决的问题，吵架的走向是否就不一样了呢？

边吵架边解决问题的秘诀

解决问题本就不容易，更何况是在极度情绪化的状态下。不过，只要我们掌握一些小技巧，便可以保持一颗较为清醒的头脑。

继续上面的故事。怒气上头的时候，我感觉自己至少三天之内无法原谅我先生，但后来事情发展的方向却很奇特：我们还没走到沙滩，就意外地和解了。

我事后分析了原因。我发现，只要问题得到解决，吵架就不会继续了。回想一下我们吵架的过程，其实就是一个解决问题的过程，具体分为以下四个步骤。

第一步：发现问题

我率先表达了不满，开始发散式地"攻击"我先生，列举他的问题。他则强调他并不知道那条路难走，他也是被网上的攻略误导了，景色还是很美的，以及爬山是重阳节的习俗，等等。这时，我们的争吵还处于就事论事的层面。

第二步：定义问题

如果说第一步的交锋，我们处于冰山的水面之上部分，那么接下来就慢慢转移到了水面之下，即感受的层面。我发现我生气的原因有两个：一是他没采纳我的意见，让我觉得我的意见根本不重要；二是我出门时穿的是牛仔裤，他没有提醒我，让我觉得我不被重视。我的结论是：由于他不在乎和不重视我，我们才会有这样一段不愉快的登山之旅。

第三步：开发方案

问题被分析和定义后，我们分别提出了解决办法。我先生的意见是：先去阴凉处休息，恢复体力后再接着走；他负责背包、拎东西；我们各自照应一个孩子；等等。漫漫长路，他看我依旧意难平，主动提出下周带我去做SPA，以此证明他不是不在乎我。最后，我提出了一个看似无厘头的解决办法：只要在山上看见第二个穿牛仔裤爬山的人，我就可以消气了。

第四步：交付方案

最后，我们开始讨论解决方案的各种细节，对话的氛围也缓和了下来，直到我们看到另一位穿牛仔裤的女士后，整个吵架的过程就在我们的笑声中结束了。

下山之后再回想这件事，我发现它正符合双钻石模型（见图 6.1 ）。

双钻石模型是指 2005 年由英国设计委员会（British Design Council）推出的一种核心设计方法。它将设计原则和设计方法形象地用两个钻石（菱形）来表示。

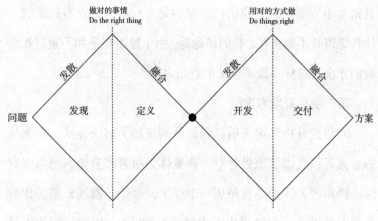

图 6.1　双钻石模型

这个由两个菱形组成的思维模型，将解决问题的过程分为"做对的事情"（Do the right thing）和"用对的方式做"（Do things right）两个部分。每个部分又分为发散思维和融合思维两个步骤，共四个步骤：

1.发现问题。这是发散的部分，它要求我们保持开放的态度，宽泛地思考，列出相关因素和变量，排列穷举。

2.定义问题。这是融合的部分，它要求我们把注意力聚焦在根源性问题上，正确定义需要解决的问题，因为明确问题是成功的一半。

3.开发方案。这又是发散的部分，它要求我们继续保持开放的态度，列举并测试各种可能的解决方案。

4.交付方案。这又是融合的部分，它要求我们缩小候选方案的范围，找出那个最佳解决方案。

为什么我要用一个吵架事件举例呢？因为吵架过程本身就是一个被情绪裹挟的过程。而双钻石模型带来的视觉化认知，让我们可以在被情绪裹挟时，仍能清醒地看待问题。

当然，我并没有冷静到在吵架过程中再温习一下双钻石模型。我只是事后发现，我确实在不知不觉中践行了双钻石模型的四个步骤。这种经历及事后的反思，会让我的身体形成一种记忆，让我在遇到类似情况时，能快速想到解决问题的好办法。

这次吵架之所以没有升级且能很快结束，主要原因是：我们很快就定义了问题，并且积极讨论了解决方案。这时候，吵架的情绪部分就已经结束了；当方案浮出水面并开始进入落实阶段时，整个吵架过程也就接近尾声了。归根到底，分析和解决问题的能力，就是拨开表象、探寻根本原因以及寻找解决方案的能力。掌握了这一能力，我们才能更有效地解决吵架中的实际问题。

恰到好处的"上纲上线"

在两性关系中，很多人很反感"定义问题"的环节，认为这是"上纲上线"：明明是一件小事，为什么非要引申到"你是不是在乎我"之类的问题上？于是他们会很恼火，开始努力为自己辩解，并指责对方无理取闹，最后使小摩擦升级成大吵大闹。

另一些人则认为吵架没小事，在定义问题时会习惯性地跳出事情本身，把对事的批评变成对人的否定和打击。这使得他们负能量太强，让另一半觉得压抑且无法与之好好沟通。

我们怎样才能恰到好处地定义问题呢？很简单，就是既不回避问题，也不夸大问题，让自己的主观看法尽量靠近客观事实，再恰如其分地表达出来。

这样一来，"定义问题"可以成为处理冲突的好帮手。

别让"上纲上线"成为你拒绝思考的借口

一直以来，指责对方"上纲上线"是吵架中最偷懒的应对方式。当听到对方指出这段关系的一些问题时，我们说一句"你可不可以就事论事，不要上纲上线"，似乎就是完美的应对。这句话会使自己显得很"无辜"，似乎对方才是那个无理取闹的人。

但不出意外的话，吵架的势头会随之越来越强劲。"不要上纲上线"等于把"定义问题"的可能给终结了。如果定义不了问题，两个人就找不到行动的目标，就会成为无头苍蝇。

要知道，"定义问题"在某种程度上就是要"上纲上线"。我们需要互相帮助，共同解决问题，一起"上纲上线"，而不是一方想定义问题，另一方却想回避问题。

还记得上一节提到的双钻石模型吗？越早定义问题，就能越早解决问题。越是回避问题，问题就会像雪球一样越滚越大，最后破坏双方的关系。

换个角度看，有些话貌似是一种指责，其实是一种呐喊和求助。如果我们能理解对方的真实意图，无疑会让亲密关系在吵架过后进一步升温。

对方说"你不够在乎我"，可能是因为他需要你的关心；对方说"你心里根本没有这个家"，可能是他想让你多表达一下自己的感受；对方说"你凡事只想着自己"，可能是因为他最近太辛苦，需要你的支持。

换个角度看问题，我们就会发现，这些所谓的"指责"蕴含了许多信息，而每条信息都是亟待解决的问题。看见这些问题，定义它们，你就会找到行动的目标。

在脱口而出"你不要上纲上线"之前，你要提醒自己：眼前这个人，正在等着我的帮助。然后，你应该咽下这句话，给另一半一个拥抱，问他："亲爱的，你觉得问题出在哪里？我怎么做才能让你感觉好一些？"相信这样一个不回避问题的你，能与另一半建立更深厚、更牢固的感情。

掌握好"上纲上线"的度，不给两性关系留遗憾

接下来，我们转换一下角色。如果我们是被认为"上纲上线"的那个人，我们应该如何定义问题，而不是制造更多的问题呢？我给大家分享五个很有效的沟通技巧。

第一，要就事论事，不要人身攻击。

比如，"我之所以生气，是因为我感觉你不够重视我"属于就事论事，"我之所以生气，是因为你是个自私鬼"就是人身攻击了。在吵架时，我们千万不要进行人身攻击。这种根本性的否定，让双方很难朝着解决问题的方向前进。

第二，一次说一件事，不要扩大打击面。

比如，家里因为没人交电费而导致晚上停电时，双方可以

借机讨论一下家庭职责分工的问题，但不要追溯至约会时迟到的问题。定义问题的主要目的是缩小问题范围，聚焦于关键问题。如果火力太分散，就会导致每个问题都得不到解决。

第三，遇到问题时不要猜测，而是要主动求证。

对问题的定义必须是双方都能理解且认同的，而不是一方猜测的。如果不跟对方求证，那么问题很可能是我们自己想象出来的，根本不代表客观事实。与其跟臆想出的问题较劲，不如跟对方求证一下，这样能减少很多不必要的误会。

第四，问题可以尖锐，语气最好轻柔。

同样的话由不同的人说出来，效果可能完全不一样。在定义问题时，如果能用略微轻松和温柔的语气来表达，就会让另一半感受到更多爱意，更容易接受我们的提议。当问题比较尖锐时，更要注意沟通的方式方法。

第五，把"我"和"你"换成"我们"。

比如，我们可以把"你除了玩游戏，还会做什么"换成"我们怎么做才能让你少玩游戏？游戏已经影响到我们的正常生活了"，可以把"我每天都很累，你能不能帮我分担一些家务"换成"我们坐下来好好谈谈，如何共同分担家务"。换一下表述方式，就可以避免两个人只站在自己的角度去定义问题。

　　总之，"上纲上线"并不可怕，它是定义问题和寻找问题源头的过程。只有找到问题源头，满足彼此的真正需求，才能迅速结束争吵。而能否找到问题源头，很大程度上取决于我们的沟通方式。我们不必害怕吵架，更不必害怕定义问题。相信一切都会柳暗花明。

双钻石模型：情绪对了，事情就对了

有些问题可以得到解决，但很多时候，吵架并不在于问题本身，而在于发泄由问题引发的情绪。但凡能被轻易解决的问题，基本上不会走到吵架这一步。在吵架中遇到解决不了的问题，也是人生常态。遇到这种情况时先别急，问题可能出在你的情绪上。如果你能唤醒自己对情绪的觉察，就可能轻松地大事化小、小事化了，不再被问题牵绊。

问题可以解决，情绪却不一定

35 岁的时候，我裸辞了。

我从 10 多年来对公司兢兢业业的职场人士，变成了在家中工作并直接对客户负责的自由职业者。习惯了有人布置任务，需要与人沟通、商议的工作形态，突然间一切都得自己来：自己做策划，自己做客服，自己做销售，自己做内容，难免有些不适应。

经过 6 个月的放飞自我和惬意生活后，孤独和焦虑开始纠缠我。真可谓"上班时，嫌不自由；不上班时，嫌自由过了头"。我时常觉得大家不理解我，不看好我的选择，甚至认为我不行。在那段时间里，我总是抱着戒备的心态看待身边的人，跟家人有不少摩擦，尤其跟我先生之间出现了动辄吵个不停的苗头。

出于职业敏感性，我很快意识到，冲突频率突然增加不是因为我和他的关系出现了问题，而是我的情绪出现了问题。我需要做的不是吵赢他，而是跟自己对话。

于是，我静下来观察自己：把自己想象成一个旁观者，像电影长镜头一样慢慢拉远画面，然后站在一个远景的角度看着我自己。我看到了自己的孤独感——我正处于单打独斗的状态，我还看到了自责——脚下的路明明是自己深思熟虑后选择的，为什么还这么焦虑？

这些情绪纠缠在一起，让我一时不知从何下手，也不知道应该先解决哪一部分。于是，我对这些情绪进行了梳理：孤独感是最表面的，它是由自我怀疑和不确定感导致的；自我怀疑又是由我内心的自责引起的；自责又源自当前工作中的延迟反馈带给我的陌生感和紧张感。

此时，我意识到，我应该先思考一下，当前工作中的延迟反馈对我意味着什么，我是否能更好地跟情绪进行一次对话，从而改变我的陌生感和紧张感。

经过这次自我觉察，我发现工作状态的变化才是我必须适应和面对的问题，而这些问题是没办法通过吵架来解决的，我需要培养新的技能。由此可见，安抚自己的情绪，远比靠吵架去发泄情绪更有效。

用双钻石模型疏导情绪

我们可以用双钻石模型来帮助自己疏导情绪，因为自我觉察也是一个先向内发散和融合，再向外发散和融合的过程。

第一步，发散我们的情绪。

在情绪即将爆发时，我们应该先体察一下自己的身体反应：出汗？紧张？心跳加速？胸口压抑？

然后体会一下自己内心的感受：愤怒？委屈？埋怨？自责？自卑？或者其他？

再看看自己的行为表现：是不停地踱步，还是低头看手机？或者想打断别人说话？又或者不想做任何解释？这些表现说明了什么呢？

向内发散情绪是为了确认自己的情绪，明确每种行动后面是否藏着更深层次的情绪，从而明确自己应该朝哪个方向前进。

第二步，向内进行情绪的融合。

有时候，我们似乎很难梳理出哪种情绪重要，哪种情绪不重要。这时候，不妨对自己的情绪进行分层，看看最下面一层是什么。分析一下你此刻最希望跟哪种情绪对话，把其中最基本的一两种情绪梳理出来，这就是向内融合。

第三步，在充分觉察自己的情绪后，再向外进行沟通，将情绪表达出来。

此时的情绪表达是为了让对方更好地看见自己、了解自己。这里有个小建议：你可以试着将自己的情绪发散和情绪融合（第一步和第二步）的过程讲出来，这远比发泄情绪更能让对方理解你。被理解正是舒缓情绪的良药。你会发现，那些困扰你的的东西一旦被说出来，就不是问题了。

最后一步，通过对方的反馈来确认自己的情绪是否得到了有效疏通。

你需要确认一下：你是不是误解了对方？有没有可能对方并不是你闹情绪的源头？是不是只要你足够强大，就可以解决这个问题？让你不满的究竟是对方，还是你自己？

上述过程的目的，其实还是把重心放在自己身上。毕竟能够疏导我们情绪的人不是别人，正是我们自己。

压抑或发泄情绪的本能，只会导致情绪被忽略或者被放大。如果你还没有调节好情绪，就想撸起袖子解决问题，就好比一片斑驳的墙面还没有被打磨，就涂上了新油漆，效果并不好。所以，在压抑或发泄情绪之前，你应该先镇定下来，好好看看自己的情绪。相信我，这会帮你打开新世界的大门。

别把"冷战"当"冷静"

　　"冷战"是一种特殊的冲突形式，在两性关系中极为频繁，多则持续数月，少则持续数天。很多人错误地把"冷战"当成了"冷静"，殊不知两者有天壤之别。"冷静"是从争吵中暂时脱离出来，等情绪平复之后再继续解决问题；"冷战"的重点则在于"战"，意味着双方或其中一方想通过这种方式来解决问题：要么对方服软，要么自己服软，总之是通过冷暴力来达成一种结果。

　　虽然冲突不见得是坏事，但"冷战"是要不得的。在两性关系中，我们不仅要尽量避免主动发起"冷战"，还要知道怎么结束"冷战"。

"冷战"伤感情，更伤关系

　　"冷战"轻则伤害感情，重则损害亲密关系，让感情没有修复的渠道，可以说会形成一种恶性循环。"冷战"的危害主要表现在以下三个方面。

第一，"冷战"传递出的信息叫作"保留和戒备"。

两性关系可以说是人际关系中非常复杂的一种：它既有最纯粹的情感依赖，又有最敏感的家庭地位较量；既有最真诚的互相信任，又有最疯狂的彼此猜忌。"冷战"在职场关系冲突中可能是战术后撤，在亲子关系冲突中可能是缺乏沟通技巧，在原生家庭冲突中可能是习得性无助。唯独在两性关系中，"冷战"伴随着一种不可告人的心理——我不想做为爱付出更多的那一方。这种信息一旦被对方接收到，无疑会成为彼此心头的一根刺。即便"冷战"结束，关系暂时恢复，这根刺也会一直存在，时刻提醒着你，对方对你的感情是有"保留和戒备"的。

第二，"冷战"让所有怨气有充足的空间和时间去发酵。

年轻人认为"冷战"表示自己有骨气，中年人认为"冷战"最省事。然而在两性关系里，没什么比带着怨气闭嘴更糟糕的事情了。"冷战"会让双方所有的怨气转化为对彼此最恶意的猜忌，即便双方在冷战中想起了对方的好，也很难抹去那些猜忌在彼此心里留下的伤痕。

第三，频繁"冷战"意味着双方已经没有更好的沟通渠道了。

但凡有更好的沟通方式，双方也不会走到"冷战"这一步。冷战局面的出现，要么是一方缺乏能力和意愿继续沟通，要么是双方没有找到良性的冲突解决方式。不论是哪一种情况，都说明两个人无法维持正常的亲密关系。长期的僵持不仅伤感情，还会影响生活质量，让人越来越绝望。

结束"冷战"最好的办法是停止猜测

我们来看一看情侣"冷战"时的常见动机都有哪些：

- 吵架很费神，"冷战"可以避免吵架。

- 认为对方需要"冷却"一下，才能认识到自己错了。

- 是他先拒绝沟通的，我不要做主动的那一方。

- 先说话的人很没面子，我可是要面子的。

- 如果我主动示好，以后在家里就没有话语权了。

- 先示好的人在这段关系里更卑微。

- 我就是故意让他难受。

- 我不想和好了，就算分手了也没什么。

上述动机各有不同的杀伤力。我劝大家不要在两性冲突中去猜测彼此的动机。不管对方的动机是什么，猜测动机这件事本身就很不明智，因为动机是无法证伪的。我的意思是，无论我们怎么猜，无论对方怎么回复，我们都无法确认真正的答案究竟是什么。

客户小潘跟我讲过这样一件事。有一次，她丈夫要出差，打算下午出发，她早上出门前，丈夫对她说了一句"接下来几天要辛苦你了"。这本来是一句贴心的话，小潘却觉得十分刺耳：就算你不出差，平时操持家务的不也是我吗？你出差和不出差，又有什么区别呢？何必假惺惺说这么一句话？于是，她回了一句"这话说跟没说一个样"，就出门了。

在去公司的路上，小潘仍然难以平复自己的心情，越想越觉得丈夫虚伪。丈夫出差的那几天，小潘没有主动联系对方，也没有回复对方报平安的消息。丈夫见小潘不理自己，也就不再主动和她联系，两个人就此开始了"冷战"。

在那几天里，小潘内心一点儿都不平静。虽然矛盾是由她开启的，但她认为丈夫应该主动打电话询问她为什么不开心。她内心浮现了很多猜测：

- 他不可能不知道我不高兴，只是故意不问我。
- 他是不是想趁出差清静一下？
- 他在家时也不怎么做家务，偏偏出差时假装对我好。
- 他是不是巴不得我不理他，好出去享清闲？

小潘越想越气愤，认定她丈夫是在故意逃避家庭责任，甚至忘了"冷战"是她自己发起的。我问她："你对你先生的动机有很多猜测，你认为其中哪些猜测能被证明是真的呢？"

她回答："我没有机会向他求证，只是我自己想的。"

我又问："假设你现在可以向他求证，你能证明哪些猜测是真的呢？"

她沉默了一会儿，说："好像也没办法证明，即便他真是这么想的，也不会承认。"

我又问："那么你的这些猜测，到底是什么呢？"

她说："可能是我内心负面情绪的镜像吧！"

想象其实是自我认知的投射，内心不存在的东西，我们是想象不到的。比如，当我们想象一个外星人时，我们只可能根据心中已有的东西来组合成外星人的形象。因此当我们揣测对方时，我们得到的其实只是自己的认知。

退一万步讲，就算我们猜到了对方真实的动机，又能怎样？当你质问对方时，对方未必会承认。更糟糕的情况是，对方懒得解释，直接抛给你一句"你说的都对"。

人的动机是复杂的，我们甚至都无法准确描述自己的动机，更何况揣测对方的动机。停止猜测对方的动机，是停止"冷战"的第一步。

所以，我们千万不要轻易开始一场"冷战"，更不要寄希望于用"冷战"来解决问题。我们可以跟伴侣约法三章：第一，有问题不隔夜，睡前一定要破冰；第二，一方想冷静的时候，另一方也要陪伴左右；第三，永远保持至少一种沟通渠道，或语言，或文字，或眼神，或肢体。

在自我觉察中重建婚姻关系

很多人以为结束一段不幸福的婚姻就可以避免冲突，却在第二段婚姻里发现自己仍然面临着相似的问题。有时候，问题并非出在两性关系本身，而是来自我们对婚姻的认知和期待。换句话说，不是婚姻关系出现了问题，而是我们自己出了问题。

婚姻不是疗伤的渠道

婚姻远比爱情更加复杂。心理学家认为，我们的童年经历决定了我们长大后会选择什么样的伴侣，以及怎样跟伴侣相处。在选择终身伴侣时，我们到底在想什么？每个人都有自己的答案。但是在内心深处，我们似乎都希望婚姻可以成为疗愈我们的港湾。

我的朋友小L就是在父母不断的争吵中长大的。虽然父母都很爱她，在生活上把她照顾得很好，但她目睹了无数次妈妈歇斯底里地抱怨和爸爸冷冰冰地摔门而去，从而认为父母婚姻不幸福的原因是爸爸对妈妈不够好。所以，她在选择人生伴侣时，最重要的衡量标准就是"找一个对我好的人"。

经历初恋的甜蜜和被背叛的痛苦之后，她来到了 28 岁了——会被催婚的年纪。那段时间，她认识了一个对她好的男朋友。所谓"对她好"，就是能迅速回复她消息，喜欢天天和她待在一起，经常说些甜言蜜语。男朋友的很多方面，她并不喜欢，比如，他接受不了她和朋友一起吃饭，哪怕是女性朋友都会引发他的不悦；他对待工作很消极，不反思自己，总觉得别人有问题；喜欢贪小便宜，为人处事不那么光明磊落。尽管如此，只要想到他对自己的好，她就觉得这样已足够。

"我非常需要一个每天对我嘘寒问暖的另一半，我受不了冷冰冰的亲密关系。"小 L 对我说。

终于，小 L 带男朋友见了自己的父母。父亲说："我觉得你们并不合适。"小 L 说："我认为，找一个对我好的男生就可以了，别的都不重要。"父亲却说："再过几年你就会知道，一个人是否对你嘘寒问暖，其实并不重要。婚姻里最重要的是两个人能互相支持和成就彼此，而不是打压或拖垮彼此。"

这语重心长的劝告，小 L 并没有听进去。她认为，在婚姻这件事情上，父亲实在没什么发言权。毕竟，她对不幸婚姻的大部分认知都来自父母，而父亲在其中应该承担一半责任。小

L心想："只要他对我好，就够了。"

小L背着父母，继续跟男朋友交往，但却发现，因为性格和观念不契合，两个人总是争吵。但跟父亲默不作声或摔门而去不同的是，每次争吵完，男朋友都会马上赔礼道歉。这让小L觉得，至少比父母的那种关系强。

结果，在一次争吵中，对方动了手。还好她还尚存一丝理智，及时抽身了。

多年后的今天，小L拥有了美满的婚姻。回想起来当年那段经历，小L说："当时，我喜欢的可能并不是那个人，而是因为他能弥补我内心的某种缺失。我一点儿也不怪他，我只怪自己当时对婚姻抱有不正确的期待。"

跟小L一样，把婚姻当作疗伤渠道的人不在少数。只是每个人身上的"伤"不一样，对婚姻的期待也不一样。小时候被家人冷落的人，希望婚姻能带给自己足够的温暖；小时候为生存而挣扎的人，希望婚姻能带给自己生活的保障；小时候一直被批评的人，希望在婚姻里被欣赏；小时候一直被控制的人，希望在婚姻里拥有足够的自由。

我并不是要大家责怪原生家庭、责怪父母，而是希望大家认识到只有我们意识到自己对婚姻抱有不切实际的幻想，才能把重点放在自我觉察上，而不是期待别人满足自己的幻想，然后责怪别人做了什么或没做什么。能找到一个可以疗愈自己的人固然是幸运的，但为了疗愈自己而选择开始一段关系，就好比病急乱投医，旧病未愈又添新病。

从婚姻中学习如何建立真正的亲密关系

如果你没能在婚姻中被治愈，那么不妨放下这种执念，把婚姻当作一个学习如何建立真正的亲密关系的机会。

在一段亲密关系中，我们总是对另一半抱有期待，希望对方弥补自己内心的某些缺失，治愈自己的伤痕。因此，在期待落空后，我们会倾向于互相责备。这难道是亲密关系该有的样子吗？难道婚姻就意味着我们要对彼此的伤痕负责吗？

回想我前面说的"不关我事"和"只关我事"。当我们被对方责备的时候，我们应该知道这"不关我事"，因为对方有需要被治愈的伤痕；当我们责备对方的时候，我们也应该提醒自己这"只关我事"，因为我们有需要被治愈的伤痕。

我们不需要为彼此的伤痕负责。我们付出再多努力，也无法治愈一个想靠别人治愈自己的人，就像你永远无法叫醒一个装睡的人。一段真正的亲密关系，应该是相互陪伴的关系，是陪着对方"自己治愈自己"的关系。

我们无法选择自己的童年，却可以在成年之后，和爱人建立这种亲密关系。这么美好的事情，想想就令人激动，不是吗？

婚姻是一个自我觉察的机会

婚姻既能让我们无限靠近自己，也能让我们无限远离自己。我们选定一个人，期待和他共度一生，这是我们依据自己的内心做出的选择。这时，我们不断靠近了自己。我们选定一个人，把期待都放在了对方身上，慢慢忽略了对自己的觉察。这时，我们不断远离了自己。

放下对对方的期待和要求，把婚姻当作自我觉察的机会，这才是我们对待婚姻最好的态度。

当我们决定和一个人结婚时，可以问问自己："和他在一起的时候，我对自己的认识是否更深入了？"

当婚姻出现问题时，我们可以问问自己："我在冲突中看到了自己的哪些担忧和焦虑？"

当我们觉得婚姻不幸福时，可以想想究竟是我们心底的什么愿望没得到满足。

婚姻关系带给我们很好的加深自我觉察的机会。

小L就是这样选择了自己现在的丈夫。他们刚认识时，对方不太懂得关心和体贴她，也并不满足她之前对另一半的幻想。但是，跟他相处时，她觉得离真正的自己更近了一些。每次聊天，对方都能激发她对自己更多的想象。这让她有一种前所未有的幸福感。这种幸福感来自她对自己的觉察，是这段关系给予她的。

现在她聊起对于婚姻的期待，更多是在说婚姻能否给予她更多的成长空间和可能性，让她成为自己最想成为的那种人。

我想，这跟她放下"被治愈"的执念密不可分。试想，如果她依旧希望被婚姻治愈，而忽视了自我觉察和自我治愈，那么这段婚姻依然无法治愈她，任何婚姻都不行。

我们应该牢记，在两性关系和婚姻中，我们应该在自己身上下功夫。我们应该建立一种适合进行自我觉察和自我疗愈的亲密关系，而非期待找到一个人，把自己的伤痕都交由对方治愈，期待被温暖或被疗愈。当我们把重点放在自己身上，而非对方身上时，我们离真正的幸福就会更近一步。

第七章

不吼不叫的家长，
也能养出好孩子

孩子的叛逆是管出来的

没有什么比青少年选择结束自己的生命更令人惋惜的事了。近些年来，青少年因为各种原因选择结束自己生命的案例频频发生，让人们越来越忧心。我们的亲子关系到底怎么了？

你可能也看过那个让人触目惊心的视频吧？一个 17 岁的男孩，在车内和母亲吵架后，打开车门从桥上一跃而下。监控记录下了这一切，从他跑下车到跳下桥，不到 5 秒钟，一个年轻的生命就陨落了。究竟是什么原因，让他宁愿纵身一跃，也不愿意沟通和求助呢？他一定是积累了很多委屈、怨恨才绝望的吧？他究竟经历了什么，我们不得而知，我们只知道：他毅然决然地离开了这个世界。

还记得你的孩子小时候那可爱的样子吗？我们把他们抱在怀里，认为我们和他们有着全世界最甜蜜的关系。孩子长大后，开始去探索这个世界，但只要我们张开双臂，他们便会马上冲向我们，把头埋进我们的怀里。可是渐渐地，我们失去了他们。他们厌烦、抱怨、隐瞒甚至欺骗我们，而我们再也猜不透他们的想法了。许多亲子关系，都会经历这样的过程，甚至形成日益严重的冲突。

理想的亲子关系是怎样的？我们失去的又是什么？

理想的亲子关系是沟通顺畅的关系

越来越多的父母已经意识到，"孝顺""听话"和"亲近"这些字眼已经不足以形容理想的亲子关系了。

孩子很孝顺，不代表我们真的得到了孩子的尊重。很有可能，他的孝顺只是在讨好作为父母的我们——因为他们认为自己并不值得被爱，只能靠讨好来换取我们的爱。

孩子很听话，不代表我们的意见真的被孩子所认同。很有可能，他只是在我们的严厉管教下丧失了主见。这会在他的人生中埋下一颗"炸弹"，或许不久的将来，这颗"炸弹"将被"引爆"。这不仅会伤害他自己，也会破坏他和我们的关系。

孩子跟我们很亲近，不代表我们听到的是孩子最真实的自我表达。很有可能，他只是在物质上依赖我们，在精神世界中却跟我们很疏远。这种亲近会让我们自以为很了解他，殊不知，他早已在内心对我们竖起了高墙。

对孩子不满意的时候，我们常说："你怎么这么不听话？你到底有没有在听我讲话？你知不知道我为你付出了多少？"

这类充满指责的话语，有些是不经意间脱口而出的，有些则表达了我们作为父母的无奈。

而孩子呢？年幼的孩子还不懂事，会通过尖叫、打滚、哭泣或大喊"不要"来发泄自己的情绪；年纪大一些的孩子则会不屑地说"不知道""随便"或者"嗯"，甚至把自己关在房间里一声不吭。他们是在用这种方式告诉父母："我拒绝沟通。"

理想的亲子关系，并非毫无冲突，也非表面的父慈子孝，更非不闻不问，而是双方都能表达自己的意见，并尽可能地理解彼此，即便彼此不理解，也相互尊重。

如果亲子关系是一棵树，"尊重"就是树根，"理解"就是树干，"表达"就是依托于树根和树干结出的甜美果实。可以结出"表达"之果实的关系之树，才是理想的亲子关系，我们称之为"可以顺畅沟通"的亲子关系。

在这样的关系里，父母和孩子都有沟通的意愿，即便双方不认同彼此的想法。孩子不因为惧怕而隐瞒，不因为不被理解而憎恨，不因为不被接受而放弃表达。父母不因为孩子不服从而指责，不因为孩子不明事理而敷衍，不因为孩子天马行空而批评。父母和孩子都能心平气和地说出自己最真实的想法，并且倾听对方的意见。这样才能从根本上减少极端的亲子关系冲突。

父母的权威心理破坏了理想的亲子关系

当亲子关系出现沟通不畅的问题时，症结肯定不在孩子身上。孩子之所以不想表达，就是因为父母傲慢又不自知的权威心理。

《弟子规》这样教导孩子："父母呼，应勿缓；父母命，行勿懒。父母教，须敬听；父母责，须顺承。"我们大多在父母的权威管束下长大，又试图在自己孩子的心中树立这种权威：孩子渐渐长大时，我们不允许他们违背我们的意愿；慢慢地，孩子要么不再想表达，要么会用激进的表达方式来引起我们的重视。

权威本没有错，父母树立权威的目的是让孩子有所敬畏，从而规避不必要的风险。但是，很多父母把树立权威本身当作目的，不愿意倾听孩子的声音，这是不对的。权威只是手段，不应该成为目的。别忘了，我们的目的是建立一段美好的亲子关系，给予自己和孩子充足的养分来成长。

因为父母不想听，所以孩子不愿表达；因为父母不认可孩子，所以孩子不接受自己；因为父母没有教孩子如何说，所以孩子不懂得如何表达；因为父母不允许孩子成为他自己，所以孩子失去了自我，而父母失去了孩子。

有人说："我就是在父母的严厉管教和权威中长大的，长大后反而会很感激父母。"对于这些人，我想问的是："你小时候如果惹了麻烦，愿意求助自己的父母吗？他们会无条件支持你，包容你，做你坚强的后盾吗？还是说，你宁愿自己扛着，也不愿告诉父母，因为他们对你的指责和批评，远比那个天大的麻烦让你更受伤。"

如果你的父母会无条件接纳你，那么恭喜你，你的父母只是有点严格，并非具有权威心理。具有权威心理的父母往往只在乎自己的权威，以至于被蒙蔽了——看不到孩子的无助，听不见孩子的心声。

父母尽早排查自己是否具有权威心理，有百利而无一害。当你批评、指责和谩骂孩子的时候，请问问自己这三个问题：

- 我是否在鼓励孩子看见自己？
- 我是否能告诉孩子接受自己？
- 我是否真的允许孩子成为自己？

当孩子贪玩时，我们是鼓励他正视自己的情绪和面临的问题，还是一味地要求他乖乖听话？当孩子发脾气时，我们是告诉他这是一种正常的情绪，应该学会和它共处，还是粗暴且没道理地说"你再生气，我就要生气了"？当孩子沮丧地说他不喜欢继续弹琴时，你是允许他选择自己的爱好，还是气急败坏地说"你知不知道我为此付出了多少心血"？我们开始反思自己时，就迈出了冲破权威心理的第一步。

放下我们想要的，关注孩子想要的。只要我们离自己的权威心理远一点，就可以离孩子的心更近一点。父母只有鼓励孩子看见自己、接受自己，最后成为更好的自己，才能让亲子关系这棵大树结出最甜美的果实。

孩子的问题其实出在父母身上

如果你希望拥有"可以顺畅沟通"的亲子关系，却不知道该从哪里着手，那么下面的内容也许会给你一些启发。

亲子冲突中的问题其实出在父母身上

据我观察，包括我自己在内的绝大多数父母面对孩子时都是傲慢的，总是抱着一种"我是成年人，难道还不如一个孩子吗"的心态。如果我说，我们这些成年人的自我认知可能一直停留在9岁，你可能觉得我在开玩笑，但事实就是这样。

英国专栏作家艾伦·沃特金斯博士在 Ted Talks 上讲过这样一段意味深长的话：

我们第一次从镜子中看到自己，并意识到里面的人原来是自己，那是我们第一次意识到自己的存在。

我们两岁的时候，觉得自己的存在就是全世界，我们饿了就是全世界饿了，那时候我们感受自己，认识自己，却分不清楚"我是我，世界是世界"。

在三到六岁的时候，我们发现原来自己饿了不等于全世界都饿了，我和世界是不一样的。我们开始明白每个人有自己的意识，知道了"我是我，世界是世界"。

在六岁到九岁的时候，我们不单知道了世界，还开始了解这个世界的运行是有规则的。我们发现了冲破规则的乐趣，想要探索规则。

然后……就没有然后了。

绝大多数人对自己的认知，就停在了9岁，一个知道"我和世界不一样，世界运行有规则"的年纪。青春期的时候，人们用9岁的认知试探规则的边界；成年后，人们用9岁的认知在社会之中接受新的规则。哪怕是所谓的"成功者"，拥有令人羡慕的事业，成为某一领域里的佼佼者，也依然在用9岁的认知来面对这个世界。

想知道你的自我认知是否停留在9岁，可以看看你是否经常有这些想法："是他的行为让我生气""是你的言辞让我痛苦""是你们的表现让我不开心""是规则让我沮丧"，总之"是这个世界让我感受到了我所感受的一切"。

对一些三口之家来说，表面上是两个成人在养育一个孩子，内里却是三个停留在9岁认知的"小朋友"在玩"火星撞地球"。

比如，每当我批评6岁多的女儿时，她就一声不吭地站在那里，有时还会瞪我。本来她的错误并不严重，但她一声不吭的态度让我特别火大。我就想，如果她在我快要发火时走过来抱着我说"妈妈我错了"，我肯定就不会继续发火了。

于是，我抱着想和女儿建立一个理想关系的心态，心平气和地对她说："下次妈妈再吼你时，你不要站在那里不说话，你走过来抱抱妈妈，妈妈就不会生气了。"她欣然同意了，但下一次她依旧一声不吭地站在那里，用愤怒的小眼神瞪我。反复几次之后，我突然间意识到，我一个30多岁的成年人，居然要求一个6岁的孩子来主动解决亲子关系里的冲突，这多么滑稽啊！

父母认为，正是因为孩子不听话，自己才会生气；孩子认为，正是因为父母阻碍自己，自己才会大喊大叫。谁都不懂得如何终止这种痛苦的循环，都觉得自己是受害者，谁都没有意识到自己身上发生了什么，只是深陷于自己的情绪中，认为这个世界和它的规则要为自己的情绪负责。

这时候，父母要放下自己的傲慢，意识到问题出在自己身上，然后由此开始真正认识自己。

学会认识自己

认识自己是最难的，我们可以从以下几个方面开始。

第一步，认识自己的情绪。

如果你还记得前面提到的"认知三角形"，就应该知道，不是孩子惹恼了我们，而是我们的认知让我们认为自己被惹恼了。孩子没有拿着一颗名为"焦虑"的药丸逼我们吃下去，是我们因为预期没有得到满足才感到焦虑。可是，我们把自己的情绪怪罪到孩子身上，批评、指责甚至谩骂孩子。尽管大多数父母事后会后悔，但下一次还会重蹈覆辙。这时候，我们需要进一步认识自己。

第二步，认识自己生命的意义。

如果我们明知道问题出在自己身上，却依旧控制不住自己，那就说明我们在亲子关系里丢失了自我。我们把孩子当成了自己，把自己生命的意义寄托于另一个生命。但实际上，就算这个生命是我们创造的，他的意义也不等于我们的意义。我们要去寻找自己的存在的意义，而不是让他去完成我们存在的意义。

第三步，认识自己的人生方向。

或许你会觉得这和亲子关系离得有点远。可是，当父母在生活中迷失方向时，很容易把这种迷茫带到亲子关系中来，让孩子感觉好像一切都是他的错。而在生活中拥有明确的人生方向或者积极寻找方向的父母，会把自己对生活和生命的热爱传递给孩子。这是言传身教的意义，对化解亲子关系冲突非常关键。

教会孩子正确地认识自己

对很多父母来说，不带任何主观色彩地教孩子认识自己，是一项极大的挑战。通常，我们和我们的孩子都是在批评中学会认识自己的。

"就知道哭，除了哭，你还会干什么？"孩子知道哭是一种让人讨厌的情绪，却不知道如何停下来。

"你可以专心一点儿吗？脑子都在想些什么？"孩子知道不专心是可耻的，却不知道如何才能做到。

"你怎么能打人呢？"孩子知道打人不应该，却不知道自己为什么如此愤怒。

如果我们在孩子哭泣时跟他探讨他为什么会伤心，在他走神时询问他被什么东西吸引住了，在他打人时尝试理解他为什么愤怒，孩子就会在父母的陪伴下，越来越了解自己，而非隐藏自己或厌恶自己。他们只有对自己没有厌恶和羞耻感时，才会对父母敞开心扉。

我问我女儿："妈妈在发火时，你为什么一声不吭呢？"她说："我只是不知道说什么。"这么简单的一句话刺痛了我：我的女儿在不知道该怎么做时，不会求助她的妈妈，因为她的妈妈只顾发泄自己的情绪；我没有教会我的女儿如何认识自己，反而先教她如何平息别人的怒火。一个自顾不暇的人，怎么可能拯救别人呢？长此以往，这种关系会是什么样？我不禁感到害怕。

好在我已经意识到这些，也在不断加强自我学习。就像婚姻不是疗伤的渠道而是自我觉察的机会一样，亲子关系也是我们加深自我认知和促进自我成长的机会。

透过孩子，我们看到了自己。当我们厌恶孩子的行为时，请不要忘记，他们是我们行为的镜像。当我们意识到亲子关系中的问题主要来自父母时，我们的亲子关系就有了稳固的基础。

接纳自我，进而接纳孩子

被接纳是一个人最大的心理诉求。孩子渴望被人接纳，这会让他们的内心涌起强烈的幸福感，给予他们强大的力量。

我女儿常说一句话："妈妈，你看我！"如果我用欣赏的目光看着她，她就会开心地笑起来，散发出自信的光芒；如果我没有看向她，她就会黯然走开。孩子渴望被看见、被接纳、被欣赏、被认可，这是可以照亮他们整个世界的明灯。

孩子的痛苦常源自父母的不接纳

还记得你第一次撒谎吗？我已经忘了自己第一次撒谎是因为什么，但却记得我小时候经常对父母撒谎。有时候，我撒谎不是为了隐瞒错误，而是编造一些我没做过的好事，好让他们夸我，因为我认为他们可能更喜欢那样的孩子。

父母的耳提面命和苦口婆心并没有让我疏远他们，让我疏远他们的是他们不接纳我。

记得我读高一的时候，有一次课间休息，一个高年级的男同学堵住我，嬉皮笑脸地说晚上放学后要送我回家。我拒绝了他，他却说："放学后，我在你们班级门口等你。"我害怕极了，不知所措，我的同学为我出主意："给你爸打电话，让他来接你。"

我当时有些犹豫，因为我爸对我一向比较严格，我担心他会因为这件事批评我。我的同学却说："又不是你做错了什么，他为什么批评你呢？"想想也是，我就给我爸打了电话。那天晚自习快结束时，我看到我爸在班级门口等我，心里顿时踏实了。放学后，我径直走向我爸，那个男同学吓得转头就跑。

故事到这里本是一个美好的结局，但我爸在回家的路上一言不发，似乎对我很不满意。我不知道他在想什么，他好像认为我也有错，所以用沉默来让我反省。

想到同学的那句"又不是你做错了什么"，我就觉得十分的委屈，默默地流了眼泪，发誓以后遇到类似的事情，再也不会告诉他了。那一天，我感到了父亲对我的不接纳，似乎我是一个会惹麻烦的女儿。这种想法一度让我陷入自我否定的痛苦之中。

那个男同学后来又在课间找我，继续提出同样的要求，我没敢再告诉我爸。这件事给我造成了不小的困扰，还好最后没出什么问题。

如果我和我爸的关系没有得到修复，恐怕会越来越疏远。直到后来发生的另一件事情，改变了这个局面。

我高考前压力很大，一直担心自己考不好，有一天竟因此哭了起来。那一次，一向不乐见我哭的爸爸竟然把我抱在怀里，云淡风轻地对我说："没关系，即使考不好也没关系，我们能走的路还有很多。有爸爸在，你就什么都不用担心，考出你自己的水平就好了。"

一瞬间，我感觉爸爸真诚地接纳了我，允许我成为一个考试失败的孩子，并且不会因此减少对我的爱。因为我被接纳了，所以我接纳了自己，愿意用真实的自己面对父母，自我否定的痛苦才离我而去。

别把自己的自卑变成孩子身上的枷锁

父母不接纳孩子，往往是因为他们无法接纳自己。他们的人生经历留给他们的阴影，都会幻化成自卑情结和所谓的"教训"，然后以"教育"名义成为套在孩子身上的枷锁。

我认识一个不善言辞，自认为"社交能力很差"的父亲。他认为自己的孩子同样没有社交天分，急于改变孩子，恨不得分分秒秒待在孩子身边提点他。他经常带孩子去一些社交场合，试图锻炼孩子。出发前，他会认真为孩子挑选衣服；饭局中，如果他看到孩子坐姿不端，就会轻触孩子的后背以提醒他；回家后，他会让孩子反省哪里没有做好。他还买了一本《羊皮卷》，要求孩子仔细阅读，尽管孩子还看不懂。

这给孩子造成了极大的心理负担。本来氛围轻松的迎来送往，变成了人生的绩效考核。于是，孩子时刻都在想："我的举止是否得体？我是否冒犯了别人？我是否显得不够优秀？我是否让爸爸不满意了？"

这位父亲错了吗？他不希望孩子重蹈自己的覆辙，何错之有？虽然他的意图没错，但他的方法错了。他用自己的经验套牢了孩子的人生，让孩子丧失了自主探索的可能性，还放大了孩子对社交的恐惧。这种恐惧不仅来自社交场合本身，还来自父亲的不接纳。待孩子长大成人后，这种恐惧会使孩子无法接纳自我。

父母通常会基于自己的经验来要求孩子，但他们越担心什么，就越会在孩子身上看到什么。因为他们的焦虑，会潜移默化地传递给了孩子，成为套在孩子身上的沉重的枷锁。

了解人性，培养优势思维

为了缓解自己的焦虑，而伤害孩子自主探索的勇气，实在得不偿失。如果这位爸爸理解人的多样性，就会明白世上没有完全相同的两个人。并不是只有善于交际的人才会被这个世界所接纳，不善言辞的人就会被社会淘汰。不是所有人都需要靠与人交往来获取能量，有的人就是靠独处获取能量的。

其实，前面提到的这位父亲是小有成就的企业家，他根本没有因为不善交际而被社会抛弃。恰恰相反，正是因为喜欢独处、爱钻研的个性，他才有了今天的成就。社交场合对他来说永远是消耗能量的，会让他感到紧张。但这又怎样呢？这并不影响他因为自己的长处而受到社会的认可。

作为父母，我们需要培养优势思维，不要粗暴地把人的性格特点进行优势和劣势之分，只要发挥得当，任何性格特点都可以成为我们的优势。全球知名人才发展咨询公司盖洛普经过调研，将人的优势归纳为 34 项，认为每一项都可能带来麻烦，每一项也都可以被看成优势。我们如果对自己有全面深入的了解，就可以根据自己的特点来面对社会。

当父母看到孩子的所谓"弱点"时，不要着急，要想想这个"弱点"背后藏着什么特点。一个孩子易怒好斗，同时也敢于竞争；一个孩子安静内向，同时也善于思考；一个孩子胆小怕事，同时也善于感知和规避风险……所有这些特质，都可能成为他日后披荆斩棘的优势，但前提是，他要接纳自己。而接纳自己的前提是被父母接纳。只有具备优势思维的父母，才能接纳自己，进而接纳孩子。

当然，接纳自己并不意味着盲目自信。优势思维不是要你认为自己无所不能，而是给你一个更积极的观察自己的角度。只有直面并接纳自己的个性，我们才能更好地塑造自己的个性。

孩子也需要这样的成长过程。不同的是，他们的自我接纳依赖于父母的引导和鼓励。亲子关系和其他关系不同，它包含着父母的义务，那就是："无论怎样，我都要接纳我的孩子。"

孩子期待被父母接纳，所以他们会把自己的涂鸦拿给父母看，希望得到父母的认可。父母如果无法接纳自己的孩子，就必然影响亲子关系。

我希望每对父母都能很好地接纳自我，进而接纳孩子。

与其事后修复，不如事前呵护

　　亲子冲突通常围绕着学业、家务、朋友、日常生活、穿衣打扮、生活态度等话题而产生。有些冲突是酝酿已久的，有些冲突是意外爆发的。等到冲突爆发后再去审视亲子关系，恐怕太迟了。和其他关系不同，孩子不是成年人，他们的表达和反应都存在很强的滞后性和冲动性。所以，此类冲突表明，我们与孩子的关系早已出现问题，甚至可能积重难返。

亲子关系冲突的滞后性和冲动性

　　有这样一则新闻，一个 14 岁的男生，因为在众目睽睽下被母亲扇了两个耳光，转身从教学楼的走廊上跳了下去。家长和孩子的此类极端行为，其实是亲子关系长期恶化的结果。

　　相信很多家长都有这样的体会：孩子年纪尚小时，一件事并不足以改变孩子的性格。孩子在幼儿园偶尔遇见不开心的事，回家后就会忘记。但如果孩子在幼儿园经常遇见不开心的事，就会有所表现。此外，如果家长一直强迫孩子做他不喜欢的事情，他必然会产生强烈的抗拒心理，甚至性格会有所改变。这时候，他无法明确表达自己的感受，所以冲突不会当场爆发，存在一定的滞后性。

孩子到了青春期，开始有了自己的想法，在冲突中会变得十分冲动。这时候，他们还没有成熟到能够分辨什么事可以做，什么事不可以做。

我小时候有过这种想法："父母老是批评我，我干脆离家出走算了。"这并不是因为父母对我不好，而是因为我当时心智不成熟，看了一些文学作品或者电视剧之后，产生了幼稚的想法。可是，当父母看着日渐长高的孩子时，经常忘了他们还是孩子，在这个年龄段容易冲动。

千万不要等到有需要时再去修复亲子关系，当冲突爆发的时候，我们对孩子的伤害往往已经造成且极难挽回。看清楚亲子关系冲突的滞后性和冲动性，正确看待和处理亲子关系，就能防患于未然。

不要想当然地以为孩子是一朵花

我有一个好朋友，育有一儿一女，经常为9岁的儿子发愁。她总向我诉苦，说她儿子不会做"鸡兔同笼"算术题；别的孩子听一遍就会的内容，她儿子要花一个晚上；她儿子常常无法坐下来专心写作业，已经气走好几个家教。她说："辅导功课是体力活，有时候我尚且自顾不暇，恐怕只能'静待花开'了。"

我想，等我女儿到了那个年纪，我也不能着急，要"静待花开"。

后来我发现自己真的做不到。

一个汉字，明明强调了很多遍，她还是会犯一模一样的错误；说好了花15分钟写完作业，她就可以出去玩，她却会拖延1个小时；早上我喊她"起床刷牙"，她明明已经醒了，却会再次钻进被窝里。说好的"静待花开"，瞬间变成了"一地鸡毛"。

我内心充满了挫败感，甚至觉得自己不是一个合格的妈妈，终日急躁难耐。在一次我作为客户的职业发展教练会谈中，我的教练导师问我："'静待花开'，你为什么觉得她是一朵花呢？"

是啊，我从来没有想过，如果女儿不是一朵花，她会是什么。我只是想当然地认为她是一朵含苞待放的花。

如今，对我来说，她是什么已经不重要了，她想是什么就可以是什么。如果她注定是一片飘在天边的云朵，我又何必期待她开花呢？

当我试着放下对孩子的期望后，我便不再焦虑了。女儿写错字时，我会对自己说："她对汉字有自己的想法，不用着急。"她拖延症复发时，我会对自己说："她现在更想做别的事情，做完那件事再写作业也可以。"她不想起床时，我会对自己说："她有自己的想法，可能只是不知道怎么表达。"

这就是认识和接纳的过程，在这个过程中，我也放下了权威心理。

所以，当你面对孩子抑制不住怒火的时候，可以问问自己："我对孩子的定位是什么？他真是我以为的那样吗？"识别孩子的天性并拥抱它，远比费尽心机改变孩子的天性更有价值。

乐观和幽默感比耐心的说教更有效

如果我们能够耐心引导孩子，就有望建立一种理想的亲子关系。在引导孩子的过程中，比说教更有效的是父母的乐观和幽默感。

开始学写字时，我女儿总也写不好。我一开始尚能细致讲解，但时间一久，她就开始厌烦我的说教，我的耐心也消失殆尽。我知道，她并不是没能力写好字，只是不理解汉字的结构。

有一次，我灵机一动，用面部表情和肢体语言模仿了她写的字。我扭曲着半边脸，耸着一边肩膀，告诉她："你看，这个字本来是个漂亮的小姑娘，但如果你把这个笔画写成这样，她就变成了面部狰狞的老巫婆。"看到我的搞怪动作，她被逗得哈哈大笑，也对汉字书写准确的重要性有了直观的认识。

这让我意识到，孩子屏蔽的不是父母所有的话，而是那些说教。包裹着耐心的说教，依然是说教。所以，当亲子关系"卡壳"时，父母不妨换一种沟通方式，也许会达到意想不到的效果。

有人说"父母是孩子终生的老师"，但我认为，比起做老师，父母最好还是成为孩子成长过程中的一面镜子：孩子能从父母身上看见、认识自己进而接纳自己，父母也能帮助孩子看见外面的世界。

做到这一点并不容易，因为这样的父母一定要建立"可以顺畅沟通"的亲子关系，否则，孩子不愿意敞开心扉，父母也就无从成为孩子的镜子。真正好的亲子关系，绝对不是为了解决冲突而存在的，而是能够有效防范冲突的发生。

勇于认错，蹲下来跟孩子说话

我经常因为对孩子比较严厉而陷入自责和内疚。一方面，我觉得孩子需要被严厉地教育，另一方面，我担心这会适得其反。要知道，自责和内疚在大卫·霍金斯的情绪能量表中排在低频能量的第二位，紧跟排名第一的低频能量——会带来自闭和死亡的羞愧。

自责和内疚虽然很常见，但却值得重视。

大概有很多父母会因为自己不够完美而自责，这一节，我想跟这样的父母聊一聊。

任何书都不能限定你如何和孩子相处，这一本也不行

你即将做爸爸或妈妈时，是不是也兴奋地购置了育儿书？孩子牙牙学语时，你是不是也买过朋友推荐的亲子关系书？孩子不听话时，你是不是也经常翻看微信公众号里的各种育儿文章？

看过这些育儿图书和文章后，你也许会在脑海中勾画完美

父母的形象，就像看过本书，你也会在你脑海中形成完美父母的形象一样。

又或者，你看了那些负面案例，会忍不住对号入座："难道我是自私型父母？我不会是操控型父母吧？我是不是给孩子留下了难以磨灭的心理阴影？"

那些建议和经验分享，似乎成了为人父母的 KPI（关键绩效指标），时刻戳痛他们担心自己是"不达标父母"的心病。

我想说的是，没有哪本书或哪篇文章可以规定你应该如何和孩子相处，我这一本也不行。每一种亲子关系都是独一无二的，当我们给自己套上"完美父母"的框框时，就等于绑架了自己，还限制了孩子。

当孩子没有按照既定剧本做出反应，或者我们没能按照育儿"圣经"去回应孩子时，深深的自责就会在我们心头蔓延开来，甚至变成洪水猛兽将我们吞没。

这些图书或文章的作者，本意是给那些迷茫中的家长打开一扇窗，提供更多可能性，而不是要给他们套上"必须这么做"的枷锁。这些图书或文章中的观点，仅供参考，不应该被当成评判家长的标准。

与其自责，不如勇敢面对不足

如果我们做错了事，就应该勇敢地承认，哪怕是在亲子关系中。成年人并不因为变成了父母，就丧失了改正错误的权利。孩子也不因为年纪小，就应该免于遭受挫折和委屈。

在亲子关系中，父母也是在"摸着石头过河"。父母无法做到完美，也无法保证亲子关系中完全没有冲突。只有勇于面对困难的父母，才能有效化解冲突，让亲子关系向着理想状态更近一步。

有一位母亲，因为打了不爱练琴的孩子，来找我进行职业发展教练会谈。那是我做过的最"失败"的一场会谈。从客户开始讲述自己打孩子的经历起，我就跟她一起陷入了深深的自责和内疚中。同为妈妈的我，完全能体会她痛苦的挣扎。

她面对自己的错误，不知道该如何自处。我想说，我也一样。所以，当她带着低沉的情绪进入职业发展教练会谈，又带着低沉的情绪离开时，我的内心被无力感刺痛了。因为我和她一样，不敢面对自己的错误，会控制不住自己的脾气，也会丧失耐心。

如果能够重来一次，我会这样问她：

- 你很自责，是吗？

- 你好像不愿面对自己也会暴怒甚至打人这件事情，是吗？

- 你在害怕什么？

- 如果你能勇敢面对自己也会打人这件事，你会怎么看自己呢？

- 你能接受这样的自己吗？

- 如果你接受／不接受这样的自己，会怎么样呢？

- 想一想未来再遇见这样的情况，你会怎么办？

父母总要面对与孩子的冲突，我们只有足够勇敢，才能体会个中曲折，才能够放过自己，更好地面对孩子。承认自己也会犯错误，然后把身段放低，蹲下来跟孩子进行平等对话，是为人父母的一场修行。

不要低估孩子的包容心

父母跟孩子发生冲突后，最担心的是自己的行为会不会给孩子造成阴影，或者孩子会不会从此疏远自己。其实，父母往往低估了孩子的包容心。父母如果能在冲突之后跟孩子说明自己发脾气的原因，寻求孩子的原谅，并且约定以后不互相乱发脾气，孩子往往会欣然原谅父母。

我并不是说孩子应该无条件地原谅父母的坏脾气。只是，及时补救比自责更有用，可以防止冲突带给孩子永久的伤害。你可以按照以下步骤跟孩子致歉：

第一步，情绪平复之后，你应该先审视自己的"认知三角形"，搞清楚是什么样的想法让你有了这样的情绪，进而导致了你这样的行为。

第二步，抱抱孩子，然后跟孩子一同坐下来并告诉他，你想跟他聊聊刚才发生的事情。

第三步，用孩子听得懂的语言，把你的"认知三角形"讲给他听，让他理解你为什么会有刚才的行为。

第四步，诚恳地跟孩子道歉，并且请求他的原谅。

第五步，跟孩子做一个约定，比如，将来再遇见这样的事情，孩子可以做什么，你可以做什么。让孩子知道，这样的冲突是完全可以避免的。

第六步，跟孩子说："你知道吗？不论发生什么事情，我都很爱你。哪怕是我发脾气的时候，也丝毫不影响我对你的爱。"

我相信，每个孩子都有一颗包容的心，当父母表达自己的爱意并寻求孩子的原谅时，孩子内心的阴霾就会很快散去。

世上没有完美的父母，父母也可能是做得不对的那一方。父母只有不断寻求自我成长，才能以更积极的能量来面对亲子关系中的冲突。

在情绪面前，父母和孩子应该是平等的。我们最好不要用权威心理去管理孩子，也不要放纵孩子，应该学会蹲下来跟孩子说话。承认彼此的情绪并进行一场平等的对话，是处理亲子关系冲突的最佳方式。

第八章

**与父母和解，
就是与过去的自己和解**

"父母皆祸害"是个借口

精神分析理论认为，童年时的亲子关系会影响人的一生，我们终其一生都是在弥补童年时的缺失。人们据此得出一种"原生家庭宿命论"，认为原生家庭决定着我们的过去、现在和未来。

"原生家庭宿命论"引起的共鸣

近年来，很多探讨原生家庭的影视作品赢得了不少关注。比如，电视剧《都挺好》里的苏大强和《欢乐颂》里樊胜美的妈妈，就是"祸害"孩子的典型。这些影视作品之所以受到年轻人欢迎，很大程度上是因为它们引起了大家的共鸣。

早在 2008 年，豆瓣网上出现了一个叫作"父母皆祸害"的小组，倡导"在孝敬的前提下，抵御腐朽、无知、无理取闹的父母的束缚和戕害"。这生动地反映了年轻一代对原生家庭的负面认识。

"原生家庭宿命论"听上去很有道理，但值得警惕的是，它被很多人当成了拒绝成长的借口。如果我们把自己的不幸完全归咎于父母，那么我们很容易忽视自己在成长过程中应该承担的角色。

"原生家庭宿命论"的致命杀伤力

为什么"原生家庭宿命论"会引起这么多共鸣？

因为"原生家庭宿命论"是一块遮羞布，把自己的失败或不幸归因于原生家庭，能让我们的内心获得片刻的安宁。

当我们不自信时，我们可以说："这都是因为我小时候我父母从不鼓励我。"

当我们婚姻不幸福时，我们可以说："这都是因为我小时候我爸妈经常吵架。"

当我们无法和情绪共处时，我们可以说："我只是活成了我妈妈的样子。"

当我们被指责冷漠时，我们可以说："我只是活成了我爸爸的样子。"

甚至，有些人触犯了法律后，也拿原生家庭当挡箭牌："这是我父母的控制欲造成的。"

这种"非我"的归因，让人减少了很多心理压力。一想到自己并非罪魁祸首，良心就摆脱了拷问。原生家庭本来是用来进行自我探索的，最终却让很多人进入了"我可以不用负责"的舒适区。

这种认识是致命的，会催生两种人：一种人彻底认命，放弃了自我成长；另一种人则以极端的方式与原生家庭决裂，刻意成为与父母不同的人。

两者都不可能从根本上消解原生家庭冲突。

小R是我的好朋友，从小衣食无忧，高中时就出国读书，毕业于海外某名牌大学。但是，她对自己的父母有着深深的怨念，因为她父母经常在言语上羞辱她。比如，父母说她"什么都做不好，根本不值得被人喜欢"；在大庭广众之下，说她的新发型让她像个丑八怪，又老又丑；说她穿的衣服太难看，不让她和他们走在一起；等等。结婚后，她的父母也是动辄挑剔她老公，对她的小家庭进行各种贬低和嘲讽。

按理说，她能接受很好的教育，成为优秀的人，和父母的培养是分不开的。可是，她的父母也是她的噩梦，让她自卑，时常怀疑自己，焦虑不安。她跟我说，她决不会成为自己父母那样的人。她成年后做的所有决定都是为了摆脱父母：去最远的地方读书，在异国他乡工作，极少回家。一切都是为了不和父母在一起，在物理和心理上和父母保持安全距离。

如今，她在异国他乡养育了两个孩子，也渐渐理解了为人父母的苦心。每每想起国内的一切，她难免有些孤单。她对我说："如果可以重来一次，我不会被急于摆脱原生家庭的执念控制我的人生，我会更理性地看待自己的人生选择。任何依附和逃避，都不是真正的'由自己做主'。"

小 R 的经历说明，刻意远离父母，其实还是被"原生家庭宿命论"控制了。正是因为相信父母导致了自己的不幸，她才会如此彻底地逃离。

我们长大成人后，自然要对自己的生活负责，而非怪罪父母。

我们的未来，并不取决于过去的遭遇，而是取决于每一个当下的决定。过往的经历，不能成为我们拒绝成长的借口，不是吗？

原生家庭冲突下的自救指南

我在前面说过，不是所有的冲突都是可以被解决的。对于有些冲突，我们既不能控制它们，也不能制止其中双方的行为，却要承受它们带给我们的伤害。在这一章，我想重点说一说，我们在原生家庭冲突中如何自救。

你只是刚好出现在这一场冲突里

面对父母之间的冲突，我们应该明白，我们只是 NPC。

这话似乎有点费解，因为原生家庭冲突的伤害是实实在在却又无法摆脱的，怎么可能以旁观者心态视之呢？

我一个朋友叫小美，是家里的独生女。尽管她父母都受过良好的教育，但她依旧是在"重男轻女"的氛围中长大的。

在生活上，妈妈对她无微不至，但会时不时说一句："我要是生个男孩多好，我喜欢男孩。"爷爷奶奶对她也不差，但相较于家里的男孩，小美总是受到区别对待。

妈妈在潜移默化中给了小美一种观念："我是女孩，是不受人喜欢的。"

在小美的记忆里，爸爸是缺席的。她只记得她年纪稍长后，爸爸对她提出了一些要求，比如，待人接物要大方得体，对待家人要主动热情，等等。

长大后，小美对父母有很深的怨念。她一度觉得自己心理上的瑕疵和性格上的弱点都是原生家庭造成的。比如，讨好型人格，不敢争取自己想要的，不够自信，不会说话，等等。她时常痛恨自己，却时常感觉无能为力。

有一段时间，小美遭遇了一些不顺心的事，就此陷入了一种极度不自信的状态，认为自己让父母丢了面子。

多年后，我再次见到她时，她已经从当年的自暴自弃中走出来了。我问她："你变化这么大，其中发生了什么？"

她说："我只是突然间想清楚了一件事——我的父母也有自己的原生家庭。他们带着各自的伤痕，组建了这个家庭。很多时候，他们之间的冲突，根本不是冲我来的，只是我刚好出现在他们的冲突里罢了。妈妈说喜欢男孩，也不是针对我的，因为她也是被传统裹挟的人，她正忙着从重男轻女的环境中自救。至于我，只是被她意外伤害罢了。"

她的话给了我很多启发。我们作为孩子，只是刚好出现在父母的冲突之中。这一切并不是因我们而起，自然也不会因我们而终。把自己当作 NPC，并不是要把自己和冲突隔离开来，而是明白我们并没有做错什么，只是刚好出现在了这里。

不用急着"走出来"，但也不要"陷进去"

把自己当作冲突中的 NPC，放下不应有的自责，是从原生家庭冲突中自救的第一步。

"自救"指的是从冲突中"走出来"，从伤害中"走出来"，与自己和解，与家人和解。但我认为，我们不用急着"走出来"，只要不越陷越深，就是一个很好的开始。

"走出来"的方法，可能是逃离，可能需要真正的原谅，可能是与自己的创伤和解，或者漠然置之。强迫自己"走出来"，这个行为本身就会从我们身上带走很多能量，甚至造成二次伤害。真正能"走出来"的人，是不需要强迫自己的。

让一个从小遭受父母言语虐待人，去理解父母、原谅父母，这本身就是一种残忍的要求和道德绑架。理解和原谅强求不来，它们是在生命的特定阶段自然而然发生的。

不必强求自己从原生家庭冲突中"走出来"，我们能做到的是不让自己"陷进去"。

用系统思维和事实思维进行自救

为了避免再度陷入原生家庭冲突，我们需要用系统思维和事实思维进行自救。

我在前面讲过如何锻炼自己的系统思维：第一步，要适当地退后；第二步，要经常怀疑自己；第三步，要将系统视觉化。

但是，在原生家庭冲突中，我们经常会被一些负面观点所左右。即便能够做到后退一步，以系统视角看问题，我们依然会认为这个世界是黑暗的，因为我们被冲突蒙蔽了双眼。破局的关键在于学会运用事实思维。

事实思维就是让事实（而非观点）占据我们的大脑。本书前面提到如何区分什么是事实，什么是观点。但我发现，包括我在内的很多成年人都常常把某些观点当作事实，并且深信不疑。

简单说，事实是发生或存在的事实，可以通过证据证明；观点是某个人对某件事的主观意见，是可以辩驳的。在所有的人际关系冲突中，我们不但要区分自己头脑中的事实和观点，也要区分别人话语中的事实和观点，这样才能掌握事实思维。

"你是这个世界上最蠢的人，你不值得被喜欢"这句话就是观点，而不是事实。

我有一个朋友叫小温，小温的妈妈是那种会给孩子带来很多困扰的妈妈，尽管她是无意的。她妈妈在生活上把她照顾得很好，但长期否定和打压她。

每当小温兴奋地告诉妈妈一件好事时，妈妈总会给她泼冷水；每当小温努力地想让妈妈高兴时，妈妈永远会有负面评论等着她；每当小温凭自己的努力取得一点成绩时，妈妈都会警告她"别骄傲"。

小温没有自信，觉得自己配不上任何好的事情。当她明白这是拜原生家庭所赐时，她比之前更痛苦了：她要跟妈妈朝夕相处，这使得她很难从自卑的状态里走出来，每当她想要从这个泥潭里爬出来，妈妈就会把她拽回去；她同时知道妈妈是爱她的，她不可能跟妈妈断绝来往；她自救的意愿让她被更强烈的愧疚感所吞没。

小温跟我说起这些时，我建议她不要急着"走出去"，先学会在遇到妈妈的打压时不让自己"陷进去"。我让她试着用系统思维来审视妈妈，弄清楚妈妈为何会以这种态度对她，再用事实思维分清楚妈妈的话哪些是事实，哪些只是观点，最后训练自己不被观点所影响，只关注事实。

过了一段时间，小温对我说，这个办法对她很有效。

小温说："当我意识到妈妈的话只是观点而不是事实时，

我便能平静地面对她散发出来的负能量了。当我看到妈妈处在一个她无法控制的系统中挣扎时，我更心疼她，也更加明白，我不要做被系统裹挟的人。通过这两种思维，我收获了自己对自己的掌控权。"

小温的故事告诉我们：在"走出来"和"陷进去"之间有一种中间状态。我们能做的其实是在自我觉察之后，逐渐获得自己对自己的掌控权。

我希望每个读者都能明白：原生家庭的冲突并非因我们而起，我们虽然在冲突中成长，但不一定要受其禁锢。我祝愿每一个在原生家庭冲突中挣扎的人都能慢慢学会掌控自己的生活。

父母的反对是考验决心的试金石

父母的反对是原生家庭冲突的重要导火索。父母看不上我们的发型，我们要不要换？父母看不上我们的生活习惯，我们要不要改？父母不认可的恋情，我们要不要结束？父母反对的职业，我们该不该换？父母反对的梦想，我们该不该追求？

有些冲突只关乎鸡毛蒜皮，有些冲突则涉及人生中的大事。不论事情大小，父母的反对都会对我们产生影响。我们无法改变父母，但可以改变和他们相处的方式。

父母的反对，我们一定要听从吗

"父母的反对"似乎不是某一代人的专属问题，而是每一代人都会面临的问题。父母都曾是孩子，也曾被他们的父母反对过，当他们成了父母，一样会行使"反对的特权"。

我成为妈妈之后，同样认为"反对"是我必须做的事情，因为我要保护自己的孩子。但我深知父母很难掌握分寸，一不小心就会变成"过度保护"。

作为子女，与其跟父母辩论他们该不该反对自己，不如明确自己为什么会为此而苦恼。即使你是一个言听计从的人，也总有一些时候，你会不顾父母的反对，坚持自我。想一下，你为什么会义无反顾？

30岁的小林是我的客户，她因为父母反对她现在的工作而找我做咨询，希望我给她一些建议。她说："我现在需要经常出差，无法要小孩，我父母希望我换一个更稳定的工作。"

我问她："你怎么看父母的意见？"

她说："我不知道该怎么办。如果父母的态度再坚决一些，我也就不纠结了，干脆听他们的。但他们现在只是泛泛地表达反对，最终让我自己拿主意，这反而让我无比困扰。"她的回答出乎我的意料，我本以为她希望我教她如何说服父母。

我说："你好像不想承担责任，也不想为自己的选择付出代价。你好像并不想要一份稳定的工作，也并不是很喜欢现在的工作。"

她说："是的，正是因为我没想明白自己想要什么，他们的反对才会变成困扰。说到底，他们只是旁观者，我却要为此付出努力，承担代价。他们不能对我的未来负责，为什么却要对我的现在指手画脚？"

我问她："如果现在有一件你非常想做的事，你还会觉得他们在指手画脚吗？"

她说："那我就没有精力在意他们的意见了，我大概率会把全部精力放在这件事上。"

反对意见虽然来自她的父母，但困惑来自她自己。

千万别再说"我因为父母的反对而放弃了自己喜欢的生活"。能被劝退的选择，都不是你真正想要的；能被强加的选择，都不是你自己真正想拒绝的。

反对声不是冲突的原因，不想付出代价才是

我们往往不是因为反对本身而困扰，而是因为需要付出代价而困扰。比如，父母不认可我们的交往对象，如果我们坚持自己的选择，就要以亲子关系不和为代价。这个代价让我们望而却步。

当我们面对某种选择有迟疑时，说明我们没那么想要。当我们不想付出相应代价时，反对意见就是一种巨大的困扰。当我们付出任何代价都在所不惜时，反对意见就不那么重要了。

这时候，反对的声音就像试金石，考验着我们的决心。

当我们遭到父母的反对时，可以把焦点放在自己身上，想想以下三个问题：

第一个问题：我最关心的问题是什么？

第二个问题：我希望达到什么状态？

第三个问题：我最想让父母明白的是什么？

小林是这样回答这三个问题的：

我最关心的问题是："最适合我的职业发展道路是什么？"

我最想看到的是："能够掌握自己的人生，不受外界声音干扰。"

我最想让父母明白的是："我会逐步探索更多的人生选择，再衡量哪种选择最适合自己。父母不需要太担心，最好可以给我一些时间。"

小林想清楚这些问题后，放松了很多。她说，她真正的困扰是人生规划不够明晰，跟父母的态度关系不大。而且，只要她能坚持自己的选择并越来越好，父母一定会理解并支持她的。

这三个问题有一种特殊的魔力，能帮助我们形成独立的人格。有些人之所以不幸福，是因为他们没有想清楚这三个问题。

总之，面对父母的反对，顺从或者反抗都不是上策，想清楚自己真正想要什么才是重点。

成为自己，从原生家庭中分离

不知道从何时开始，我们和父母之间的对话变了味道。小时候，我们对父母言听计从，不敢造次；长大后，我们开始有些不耐烦甚至不屑。

我们没那么怕他们了，也不再把他们的感受放在第一位了。甚至在很多家庭里，父母和儿女的家庭地位发生了反转，儿女会严厉斥责父母，动辄批评教育父母，甚至给他们脸色看。

父母会为此感到难受，有时也会对儿女说："你也是要当父母的，如果你的孩子这么对你，你怎么办？"这听起来饱含无奈。

很多人认为，自己和父母的家庭地位发生对调是很正常的。

但是，这恰恰说明他们没有完全从原生家庭中分离出来，也没有形成独立的处世方式。

成为"父母"很容易，成为自己才是独立。

那么，我们该如何从这种新的冲突里走出来呢？最好的办法是，不论原生家庭给予了我们什么，我们都要努力成为自己，完成从原生家庭中分离出来的整个过程。

成为自己，从"不像你对待我那样对待你"开始

很多被原生家庭伤害的人，立志要成为跟父母完全不同的人。但是，当他们长大成人，在父母面前具备一定话语权时，他们往往会用同样的方式来"管理"这个家。

我就遇到过这样的困扰。

从小到大，我妈对我管教很严，不是每句话都会考虑我的感受。我长大后，对她的态度也没什么变化，依旧像小时候一样爱她、依赖她，怕惹她不高兴。

让我摸不着头脑的冲突发生在我怀孕之后。

按理说，她到我生活的城市来照顾我，这是值得高兴的事情。但没想到的是，我们经常闹矛盾。

她十分不开心，我也一度很困惑。她会当面指责我的种种不是，还向我爸控诉我的"恶行"：我跟她说话时态度很差，还经常给她脸色看，不够尊重她，也不在乎她的感受。

我委屈极了，我自问虽然不是什么"贴心小棉袄"，但也不至于像她说的那样，是个"置人于死地的铁背心"。

我不明白，她为什么对我的说话方式百般挑剔。我心想：自家人说话直接一点有何不妥呢？在我怀孕的时候，我的亲妈

就不能体谅我吗？我甚至认为，一直以来，家人之间都是这样说话的，我现在依然这样说话，何错之有？

我潜意识中的逻辑很简单："我小时候，你就是这么对我说话的，我现在这样对你并无不妥。"

我仔细想了想，这一逻辑基于这样的假设：当我长大成人以后，我就有了如你对待我那样对待你的权力。

我不应该变成她，我应该做我自己才对。我用她对我的方式对待她，只能说明我还没有摆脱她的影响，还没有从原生家庭中分离出来。

我应该去寻找属于我的、能让我绽放的土壤，寻找属于我的特质，并建立真正独立的人格。

只有终止这个恶性循环，我们才能从原生家庭冲突中跳脱出来，做真正的自己。

与原生家庭分离的终点是忠于自己

在我 30 岁的时候，我和我妈的冲突爆发了。

一开始，我不断反思自己的言行，希望更好地解决我和她之间的问题。

但是，我渐渐发现，即便我不再用她对待我的方式来对待她，我还是会本能地讨好她，希望获得她的某些认可。

这离我真正成为自己的初衷还很远。

我逐渐意识到,跟父母完全没有冲突,也不是我想要的状态。为了避免冲突而放弃自己的立场,我岂不是又回到了"冲突废人"的状态? 这显然不是忠于自己。

那么,怎样才算忠于自己呢? "忠于自己"和"避免冲突"的界限在哪里?

小时候,我们希望成为父母期待的样子;长大后,我们希望父母能够理解我们想要成为的样子。当我们想清楚自己的特质,并决定忠于自己时,我们可以把自己希望成为的样子讲给父母听,并且说:"也许你们不喜欢这样的我,但请你们理解,这才是真实的我。"

父母或许会认为我们是小题大做,但对我们自己来说,这是一个十分重要的仪式,是培养独立人格这一课的毕业典礼。

第九章

停止自我冲突，
做内心强大的人

用"向内看"给自己升级

读到这里，你应该对几种常见的人际关系有了比较深入的认识，也掌握了处理冲突和改善关系的一些技巧。不过，你离真正自如面对各种冲突还差了一点，即处理自我冲突。

回顾前面的章节，我们不难发现，所有的冲突处理技巧都需要我们具备"向内看"的能力。无论面对哪种冲突，我们都得先调整自己的心态和思考方式，重新定义自己与他人的关系。人际冲突越激烈，伤害越大，我们就越需要"向内看"。

学会"向内看"的好处

"向内看"是一种很重要的能力，但不是所有人都有这项能力。探索欲和求知欲一直在驱动着我们"向外看"。"站在巨人的肩膀上"，以更高远的视角看这个世界，是我们引以为傲的。

但除了看得更远，我们还应该学会看得更全面。我们不能只把目光投向远方，还应该看回自身。一个不肯"向内看"的人，也不可能达到某种真正的高度。

我所说的"向内看"不只是认识自己或了解自己这么简单，它意味着通过倾听自己内心的声音，创造自我觉察的机会，主动进行反思，然后据此调整未来的行动，之后再重复上述过程，形成良性循环。

前文提到的那些处理冲突的妙招，其实都离不开"向内看"的能力。

有些人认为"向内看"过于感性，甚至认为只有内心软弱的人才需要"向内看"，而内心强大的人只管"向前冲"。

这种结果驱动的思维，往往适得其反。

不可否认，"向内看"的终极目的是继续前进，但如果一味"向前冲"而没有解决内驱力问题，就会迷失方向。

选对赛道，看清方向，明确自身优势，这些都可以通过"向内看"来完成。否则，就好比一个马拉松选手，非要参加一场百米跑比赛，拿不到名次是其次，在比赛中找不到自己的节奏的无力感才是最令人沮丧的。

很多时候，"向内看"给我们提供了一种最理性的解题思路。比如，第五章的"黄金圈法则"，第六章的"双钻石模型"，第七章的"优势思维"，都是由"向内看"催生出来的解题思路。你会发现，在我们学会"向内看"之后，很多冲突会都变得非常好处理。

"向内看"的三个步骤

我们该如何开始练习"向内看"呢？可以按照以下三步进行。

第一步，倾听自己的声音，增加跟自己的对话。

我们可以通过提问的方式跟自己对话，问自己一些平时可能不会考虑的问题：

- 我的兴趣有哪些？
- 我的技能有哪些？
- 我的价值观是什么？
- 我的目标是什么？

如果你觉得这些问题太抽象，可以先问自己一些更具体的问题，再从这些具体问题的答案中寻找抽象问题的答案。比如：

- 我人生的高光时刻是哪一段经历？
- 如果我可以参加自己的葬礼，我希望听到什么样的悼词？
- 如果生命只剩最后三天，我希望如何度过？

我曾经觉得这些问题太虚幻，但我的人生轨迹确实被这些问题改变了。在我读 MBA 时，一堂课上，老师让我们分享各自人生的高光时刻，每个人有 3 分钟的准备时间。我用两分钟时间回顾了一下自己人生中为数不多的引以为傲的时刻，发现它们都和我取得的某种成绩有关。

轮到我时，我突然心血来潮，分享起自己在新冠肺炎疫情中的经历：刚开始，我协助瑞士的一家机构向国内医院捐赠口罩，并联系校友和朋友合力将10000只口罩运回国。这并不是什么了不起的成就，也不独属于我，但我因此帮助了很多人，从中体会到了巨大的成就感。我认为这就是我的高光时刻。

这让我看清自己真正想要的生活是：能够影响别人，带给别人帮助或成长。看清这一点后，我面临的很多选择都不再是问题了。我转行做职业发展教练时，遭到了父母的质疑，朋友也曾表示担心，我也一度有要放弃的念头。这一切内在或者外在的冲突，都因为我这次"向内看"而变得不再可怕了。

第二步，创造自我觉察的空间，在倾听自己声音的基础上，进一步探究自己的想法，主动进行反思。

"认知三角形"就是自我觉察的很好方式。只是倾听自己的想法还不足以推动我们前进，我们还需要不断地自我觉察：

- 我到底有什么样的想法？

- 我是不是有一些思维定式？

- 真的是这样吗？

- 这件事有没有其他的可能性？

这些问题有助于我们发现事物更多的可能性，把焦点从"我要控制"转移到"我要看见"。

第三步，根据觉察结果，调整自己的行动，明确目标并向目标靠近。

每当你有一些新的觉察时，都可以问问自己，如何向着自己的目标再前进一小步。"向内看"不能一直停留在"看"的层次上，而是要进一步去"做"。一个人在深入自我觉察之后，只需要一点点引导，就可以看到以往被忽略的行动方向，扩宽思路。

毫不夸张地说，人生是由大大小小的冲突连接起来的。处理冲突就像在游戏中闯关，我们不能光顾着打怪，而忘了给自己升级。"向内看"就是给自己升级的关键。

别拧巴：幸福感的终极秘诀

心理学家卡伦·霍妮在《我们内心的冲突》一书中指出：我们内心的冲突来自困扰内心的相互矛盾的神经质倾向，代表的是个体与自我，以及个体与他人关系的紊乱。然而，我们不顾一切解决冲突的尝试，反倒往往把自己逼上神经症的绝路。

这种相互矛盾的神经质倾向和不顾一切解决冲突的尝试，在我们博大精深的中文里可以用"拧巴"这个词来概括。

不难发现，我们周围幸福感很高的人，往往在冲突面前更从容，也更容易主动化解矛盾。那么，我们如何获得更强的幸福感呢？

很简单，三个字：别拧巴！"别拧巴"就是知道自己想要什么和不要什么，敢于对自己想要的和不想要的负责，最后能直击要害、抓住重点。

知道自己想要什么和不想要什么

让人拧巴的原因有很多。有的人因为尚未发生的事情而拧巴，有的人因为过去的事情而拧巴，有的人因为自己的期待而拧巴，有的人因为别人的期待而拧巴，有的人因为不曾付出而拧巴，有人因为付出太多而拧巴，等等。这一切都是因为我们没有想清楚自己到底要什么和不想要什么。

拧巴的人从不考虑自己真正想要的是什么，也不考虑自己真正需要的是什么，更不清楚自己不想要什么。他们往往考虑的太多，能抓住的东西太少。即便得到了什么，也无法获得成就感，或者成就感转瞬即逝。

拧巴的人经常让人际关系陷入一种死循环，引发不必要的冲突。拧巴的父母，一边要求自己的孩子要比别人的孩子强，一边又觉得自己的孩子比谁都差。

拧巴的恋人，一味地付出，不清楚自己真正需要什么，而总是质问"为什么没有人对我好"。

即便我们不知道自己想要什么，至少要知道自己不想要什么。我们应该学会排除法，对不适合自己或不属于自己的选择说"不"，只有这样，才更有可能迎来自己想要的东西。

敢于对自己的选择负责

无论做什么选择，我们都会付出相应的代价。

明确了自己想要的和不想要的东西之后，我们要敢于对自己的选择负责。只有保持这种心态，我们才会不拧巴。否则，就算你知道自己想要什么，却不愿承担相应的代价，就会一直被困在拧巴的状态里。

根据卡伦·霍妮的观点，人之所以"拧巴"，是因为人具备选择能力。这是人脱离了单纯的动物本能，具备个体意志后的特权。比如，我们可以选择随波逐流，也可以选择我行我素；可以选择崇拜成功，也可以选择淡泊名利。这种特权带给我们很多负担，让我们得不到解脱。

我认为，选择本身并不是困扰的根源，困扰的根源是，我们什么都想要却又不想对此负责。

所以，想要终止内心的冲突，最好的办法就是拿出责任感来，好好想想我们要为自己的选择付出什么样的代价。

直击要害抓重点

拧巴的另一种表现是：我们既知道自己想要什么，也做好了为后果负责的心理准备，但不知道该怎么做。

这种拧巴已经超过了认知层面的拧巴，变成了行动力层面的拧巴。这时候，我们需要看清问题的本质，直击要害抓重点。

"直击要害抓重点"就是"双钻石模型"里的两个"钻石"：找出对的事和用对的方式做事。这并不奇怪，很多不同的理论模型在底层思维方式上都有相通之处。

我给大家分享一下我的"拧巴史"。

细心的读者不难从我的文字中发现，我是一个具有拧巴潜质的人。

我虽然很容易开始"向内看"，但却容易迷失在"向内看"里。我既想成为人们关注的焦点，又不想显得过于急功近利，所以我经常在面对竞争机会时十分拧巴。

上学时，我很想站上讲台，展现自己，但又不好意思主动举手，总希望大家推举一下，结果希望总是落空；工作时，我认为自己应该被评为"优秀员工"，但又不好意思自己投自己一票，结果以一票之差丢了"优秀员工"的荣誉。总之，我既不想显得争强好胜，又想获得别人的认可，真是拧巴极了。

我曾认为把这种拧巴是自信不足造成的。但单纯地增强自信无助于我突破这种状态，因为我特别怕在自信满满时"被打脸"。

现在我再遇到需要去争取的机会时，会先问自己："我到底想要什么？"

如果这个机会能够提供我想要的东西，我就会问自己："我有没有做好为此负责的思想准备？哪怕最后结果不尽如人意，会让我面临挫败并付出相应的代价，我仍会坚持这个决定吗？"

我还会问自己："我现阶段的重点又是什么？"

如果决定放手一搏，我就会把全部注意力放在如何完成这个目标上。如果我觉得准备不足，我会马上寻找下一个目标，不会停滞不前，也不会为错失机会而遗憾。

在明确这三个问题后，我的拧巴逐渐减轻了。我不会把过多能量浪费在自我损耗上，而是将其放在下一件正确的事情上。

拧巴虽然不是一个好习惯，但也并非"罪大恶极"。有时候，我们的拧巴也是成就我们人格特点的一部分。我们不要让拧巴成为阻挡我们前行的障碍，我们要和内心的冲突共进退。

GROW 模型 + 设计思维

  "向内看"和"别拧巴"都是处理自我冲突的有效办法。但是，如果你觉得它们还是效果有限，那么可以考虑用另外一些工具作为补充。就好比你认为中医见效慢，就可以试试中西医结合疗法。工具和模型可以让我们养成一种习惯，慢慢地用新的思维习惯取代旧的思维习惯。

  "认知三角形""黄金圈法则""双钻石模型""优势思维""系统思维"都是这样的工具，在不同的场景中会给我们不同的启发。这一节，我还会介绍两种十分有用的工具，让大家有更多可选的思路。

GROW 模型：制订你的成长行动计划

  GROW 在英文里是"成长"的意思，十分贴切地描述了我们处理自我冲突的根本意图。GROW 模型是约翰·惠特默于1992 年提出的，是被企业教练领域广泛使用的模型之一，它可以很好地帮到我们处理具体的自我冲突（见图 9.1）。

图 9.1　GROW（成长）模型

GROW的四个字母分别代表了自我成长的四个步骤：Goal（目标）、Reality（现实）、Options or Obstacles（行动方案或障碍）、Will（行动计划）。我们可以通过和自己对话来明确每个步骤的操作细节。

第一步，确立一个具体的（Specific）、可衡量的（Measurable）、可实现的（Attainable）、现实的（Realistic）和有时限（Timely）的SMART目标。你需要明确以下问题：

● 你想达到什么目标?

● 你想改变什么?

● 什么样的结果会令你满意?

● 你想要的到底是什么?

● 如何知道你已经达到了你想要的状态?

第二步，厘清当前的现实，包括已经发生的、正在发生的和马上要发生的，衡量自己所处的位置。我们可以从以下角度进行提问：

● 你现在处于什么状况？

● 相对于你的目标，你现在处于什么位置？

● 到目前为止，你觉得哪些是你做的还不错的，哪些是不够理想的？

● 你认为是什么让你走到了今天的位置？

● 之前的尝试，让你有什么经验或者心得？

第三步，积极探寻有哪些有助于你实现目标的选项，以及在此过程中你会遇到什么困难和障碍。比如：

● 你现在面临什么选择？还有其他选项吗？

● 你觉得你需要怎么做，才能获得更理想的结果？

● 有什么资源可以帮助自己吗？

● 如果你这样做，会有什么事情发生？

● 你觉得，如果这样做，最困难的部分是什么？

● 你觉得这么做的好处和坏处分别是什么？

● 你有没有遇到过类似的情况？

● 如果一切皆有可能，你会选择怎么做？

最后一步，设立一个明确且具有里程碑性质的行动计划，并承诺自己为自己负责。你可以这样跟自己对话：

● 如果向前迈出一小步，你会做些什么呢？
● 你打算什么时候开始？什么时候完成？
● 你觉得如何才能让自己对自己的行动负责？
● 你此刻对这件事的投入有多少分？没有满分的原因是什么？
● 你如何知道你成功地完成了这个计划？

上述对话可以让我们快速走出内耗，找到可行的行动方案。大家在面对具体事件而不知道该怎么做时，可以试着用GROW模型来处理。

设计思维：六个步骤改进人生规划

作为商业领域具有巨大驱动力价值的思维，设计思维被很多行业用来开发产品和设计解决方案（见图9.2）。我最欣赏的应用成果是斯坦福大学的 D.School（设计学院）所倡导的"用设计思维来规划我们的人生"。

图 9.2　设计思维

设计思维是一种基于解决方案的思维，适用于解决未被定义或未知的问题，比如，"如何处理自我冲突"这种复杂问题，在设计思维的指导下会显得更为清晰。设计思维提倡我们这样思考并解决问题：

第一步，和自己共情（Empathize）。通过观察、对话和体会等方式，了解自己的真正痛点和需求。

第二步，定义（Define）自己面临的问题。这一步类似于"双钻石模型"中第一个"钻石"的"融合"部分：用简单明确的语言把面临的问题可视化。

第三步，构建解决方案（Ideate）。这一步是以第二步为基础，基于解决方案再发散。

第四步，进行原型（Prototype）试验。这是很多人都会忽略的一步。有时候，盲目实施解决方案会让我们承担过大的风险，或是因顾虑重重而原地踏步。所以，要像设计师一样，我们先打造一些原型，进行初步试验，进而决定是否继续投入。

第五步，测试（Test）自己的方案，从中总结出哪些是好的，哪些是需要修正的，不断进行调整。

第六步，重复以上步骤，不断迭代。

在上述六个步骤中，最具实践意义的便是"打造原型"。设计师要想设计一张桌子，首先要做出桌子的原型，在原型的基础上进行修改和完善，形成最终的设计。解决自我冲突也是同样道理。

在职业咨询中，我遇到过一些处于自我冲突状态的客户，他们有时想跳槽，却担心跳槽后状况更糟，有候想尝试全新的行业，却下定不了决心。我会鼓励他们去打造原型，因为只靠想象是没法获得答案的。

如果你想辞职去开民宿，可以先试着把自己的房子改造成民宿；如果你想跳槽，可以先模拟一下新工作的节奏；如果你想开咖啡店，可以先去咖啡店坐着观察一周。总之，当你无法抉择时，可以通过打造原型来打开视野。这样，你就能看清楚自己的选择是不是靠谱。

综上所述，GROW 模型更多被用来处理实际问题，而设计思维可以更好地帮我们规划自己的人生。当我们内心发生冲突时，这两种工具都有助于我们进行刻意练习，用一种更有效的方式直面自己当前的状态，然后找到适合自己的方向。

保持自我沟通的三个方法

　　沟通包含两个维度：一是对外沟通，一是自我沟通。如果一个人内心的矛盾和冲突不断，又无法通过自我沟通来处理，那么他就会在人际关系中面临更多问题，因为他大部分的能量已被内耗完。

　　最常见的自我沟通，就是内心独白。"独白"，顾名思义，是在独自一人的情况下发生的，代表了我们不为人知的想法。我们再来看看它的英文说法"Overlapping Sound"，直译过来就是"重叠的声音"。这个表达十分形象，意思是我们在对外沟通时，内心往往有另一个声音同时出现。两个声音同时发生却又有所不同，重叠在了一起，所以是"重叠的声音"。如果"重叠的声音"配合得好，就能"琴瑟和鸣"，反之，则会引发强烈的自我冲突。

　　以"内心独白"为表现形式的自我沟通，并不像看起来那么简单。自我沟通和人际关系冲突一样，都是两种甚至多种声音的碰撞，不容小觑。而且，失败的自我沟通带来的后果要比失败的人际沟通带来的后果严重。

如何进行良好的自我沟通？答案因人而异。人们有不少关于自我沟通的总结，但是，如何把自我沟通变成自己的底层思维，甚至是一种生活习惯，则需要我们不断练习。在本章的最后，我给大家介绍对自我沟通很有用的三种方法。

方法一：和内在的声音对话

和自己内在的声音对话，是最简单、最直接的自我沟通方式。但这种对话往往是无意识地进行的。为此，我们需要通过一些练习，把这种无意识的对话变成有意识的对话。

第一步，在纸上画一个简笔画的自己，把自己内在的声音写下来。注意：这时候我们可以试着区分一下这些内在的声音分别来自哪个部位，比如来自内心、大脑、直觉、身体等。把不同的声音写在不同的位置，用直线标识出来。可以的话，最好能识别一下每种声音所代表的情绪。

第二步，选择两种你最想与其进行对话的声音，想象一下，如果你和它们展开对话，会是什么样的。可以把这些对话写下来。

第三步，如果有哪句话可以很好地帮助你，你可以把这句话单独写下来。当未来类似的声音再出现时，你可以迅速用这句话回应它。

当某种内在的声音频繁出现时，我就会使用这种方法。比如，在养育孩子的过程中，我经常跟自己的急躁和不耐烦做斗争，常常出现发完脾气就后悔的情况。于是，我在独处时，会进行自我觉察，看看是什么声音导致了我的急躁和不耐烦，然后和它进行对话，直到这种声音减弱或者散去。最后，我会把自我沟通中最有效的那个点转化成下一次平息同类声音的力量。

方法二：设计自己的缪斯

我在瑞士读书时，一位老师教给我们一种方法——"设计自己的缪斯"（design your Muse）。缪斯是希腊神话中主司艺术和科学的九位古老文艺女神的总称。老师让我们设计并制作一个自己想象的缪斯形象，用于激励自己。

为什么要设计一个缪斯给自己当榜样？

我一开始听到这个方法时，内心有些不屑，认为太过幼稚。但我后来发现，成年人确实需要一位属于自己的缪斯。

很多人都有自己的偶像，但那些偶像通常是离我们比较远的另一个人。我们无法完全了解偶像的经历和特质，而且，其形象也附丽了我们的很多幻想。此外，当一个人心智成熟后，他儿时崇拜的偶像可能会出现形象坍塌的情况。

我们设计的缪斯虽然不是真实存在的人，但它承载了我们对各种美好事物的向往。它能让我们明确自己要成为什么样的人，让我们在自我沟通时保持很好的一致性。

设计自己的缪斯很简单。我们可以画一个可爱的虚拟形象，也可以用电脑剪贴出一个人格化的虚拟形象。缪斯是什么样子不重要，重要的是它具有何种特质和象征意义，并且每天都能被你看到。

每当我们内心出现了纠结和沟通障碍的时候，抬头看看这位自己设计的"缪斯"，想想它在同样情况下会怎么做。这样你就能更加笃定自己应该何去何从了。

每当我对生活有新的感悟后，我就会重新设计自己的缪斯，让这个形象与时俱进。

这个形象有着任何一个实实在在的人都无法企及的品质，又是我自己可以选择和掌控的，真的是最好不过了。

方法三：继续相信座右铭的力量

在人生众多的毕业活动中，最近的一次毕业活动让我十分难忘。

一位教授给我们讲了一席话，大意是："如果你真的想要做成某件事，就必须找到方法，克服种种阻碍，而且必须保持礼貌和善良，否则别人会离你而去。我看上去有着非常成功的事业，但每年 150 个项目中只有不到 50 个能够成功，这意味着我大多数时候都在经历失败。因此你们不要因为失败而气馁，而是要反思下一次如何做得更好。记住：Polite persistence wins the day（道阻且长，行则将至）！"

不知为何，这句朴素的话让我热血沸腾，瞬间把我的思绪带回了中学时代。那时候，我为了激励自己，把最喜欢的青春小说《十七岁不哭》中的语句当作座右铭写在了各种练习册的扉页上。

"就算再兵荒马乱，我也要从容""谁不是一边受伤，一边学会坚强""试试才能行，争争就能赢"……每每翻开练习册，我都会看到这些话，然后以更强的动力挑灯夜读，备战中考。中考时，我从入学时候的中等生变成了全校第二。

但不知道从什么时候起，我不再相信座右铭的力量了。上大学后，每当我被问到"你的座右铭是什么"时，大脑常常一片空白。

当我在毕业活动上再次听到这样简练而铿锵的话语时，顿时有一种触电的感觉。这不正是我应该做的事吗？

我选择的道路总是会有很多阻碍，但我只要怀揣着尊重与平常心不断向前就好。我不需要着急，不需要奔跑，一步一个脚印就行。

我终于明白，就算我长大了，依旧需要座右铭。我不但需要它，还应该尽量把它呈现在我的生活里。因为座右铭是坚定自己信念的非常有效的办法。

随着年纪渐长，我们难免会认为自己过去的一些言行"矫情"。于是，我们渐渐褪去了"矫情"。现在我反倒觉得，我们应该把这种"矫情"永远留在心里，不要忘记那个曾经把座右铭写在练习册扉页上的自己。

你的座右铭是什么呢？好好回想一下，说不定你会有意外收获。

和内在的声音对话，设计属于自己的缪斯，继续相信座右铭的力量，这三者是不断看清楚自己、寻找自己、成为自己的小秘诀。

你也可以寻找专属于自己的小秘诀，其实形式并不重要，重要的是你要始终和自己保持沟通。不论你有什么情绪和想法，都要给予自己理解、包容，从而实现蜕变和成长。

后　记

"每个人或许都该写一本书"，这是我写完这本书之后的最大感悟。完成一本关于如何应对人际冲突的书，大概是我二十几岁时做梦都不敢想的一件事情。到了快四十岁，我为什么突然就敢写了呢？我想应该不是因为脸皮厚了，而是因为自己走到了这样一个需要整理自己的思想体系的年纪。

最明显的就是我在面对亲子关系时，越发觉得建立思想体系这件事情对我十分重要。没有体系的我，完全靠情绪和下意识去做出反应，而有体系的我开始思考如何按照我的体系去行动。并且，我会抱着一种积极的能量去不断丰富或者调整我的体系，这给我一种前所未有的掌控感。

注意，不是控制感，而是掌控感。这种掌控感让我知道：不论我在这段关系中遇到什么无法控制的事情，我都可以掌控自己对待它的方式。先看见自己，再接纳自己，最后开展行动，这便是依托于体系的掌控感。

所以，在这本书即将完成的时候，我问自己：是不是从这本书完成的那一刻开始，你就可以做一个在冲突中无所畏惧的人了？

我的答案是：我依旧还是那个"冲突尿人"，但与此前不同的是，我似乎接纳了自己的"尿"。因为在我搭建起来的体系之中，"尿"不代表软弱和没有能力，而是代表温和。我确信我找到了一个让自己在冲突里既"尿"又强大的方式，那就是拥抱良性冲突。